AF402477

COLLECTION PICARD
Bibliothèque d'Éducation récréative

Scènes

D'ÉDUCATION MORALE ET CIVIQUE

REPRODUCTION DES 53 SUJETS

DE LA COLLECTION DES TABLEAUX MURAUX

De MM. Lecerf et Démoulin

Publiée sous la direction de

M. Édouard PETIT

INSPECTEUR GÉNÉRAL DE L'INSTRUCTION PUBLIQUE

Texte de M. de GRANDMAISON

LAURÉAT DE L'ACADÉMIE FRANÇAISE

106 GRAVURES

PARIS
LIBRAIRIE D'ÉDUCATION NATIONALE
11, RUE SOUFFLOT, 11

Scènes

D'ÉDUCATION MORALE ET CIVIQUE

10e Série

CET OUVRAGE
DONT LA PROPRIÉTÉ EST RÉSERVÉE A ÉTÉ DÉPOSÉ
AU MINISTÈRE DE L'INTÉRIEUR.

Scènes

D'ÉDUCATION MORALE ET CIVIQUE

10ᵉ Série

CET OUVRAGE

DONT LA PROPRIÉTÉ EST RÉSERVÉE A ÉTÉ DÉPOSÉ
AU MINISTÈRE DE L'INTÉRIEUR.

De l'Instruction naît la grandeur des nations.

L'ÉCOLIER STUDIEUX.

En se montrant studieux, l'écolier se rend service à lui-même et il s'assure les moyens d'augmenter son bien-être. Puis il se rend utile à son pays, dont plus tard il rehaussera la gloire par ses travaux ou ses découvertes.

COLLECTION PICARD
Bibliothèque d'Éducation récréative

Scènes
D'ÉDUCATION MORALE ET CIVIQUE

REPRODUCTION DES 53 SUJETS

DE LA COLLECTION DES TABLEAUX MURAUX

De MM. Lecerf et Démoulin

Publiée sous la direction de

M. Édouard PETIT

INSPECTEUR GÉNÉRAL DE L'INSTRUCTION PUBLIQUE

Texte de M. de GRANDMAISON

LAURÉAT DE L'ACADÉMIE FRANÇAISE

106 GRAVURES

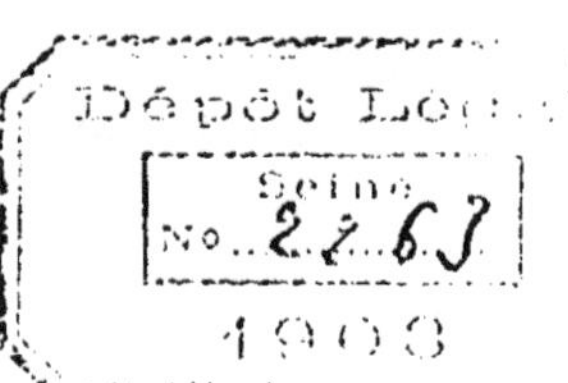

PARIS
LIBRAIRIE D'ÉDUCATION NATIONALE
11, RUE SOUFFLOT, 11

AVIS DES ÉDITEURS

L'on nous a souvent demandé d'adapter un Commentaire à la Collection des Tableaux muraux de MM. Lecerf et Démoulin, Instituteurs, publiée sous la direction de M. Edouard Petit, Inspecteur général de l'Instruction publique.

Non que Mesdames les Institutrices et Messieurs les Instituteurs n'aient déjà ajusté des explications instructives et éducatrices aux différentes scènes scolaires dont la « Morale par l'exemple » illustre les murs des écoles. Les gestes, les attitudes des personnages ont déjà été expliqués, et avec beaucoup d'ingéniosité, par les maîtresses et par les maîtres à leurs élèves. Des récits ont été inventés qui rendent l'image encore plus vivante et parlante et qui mettent en vif relief actes et intentions.

Nous avons pourtant estimé qu'il y avait utilité à compléter la « Collection » par un livre de nouvelles enfantines dont le texte développerait, tableau par tableau, la leçon qui se dégage du dessin. De même que la Fable fait passer le précepte, l'anecdote appuie la « moralité ».

Nous en avons confié la rédaction à M. de Grandmaison, lauréat de l'Académie française, qui a saisi avec une précise netteté, la pensée des auteurs de la Collection, et qui a su trouver le langage qu'il convient de tenir à l'enfance. Ce sont pages vives, aimables, coupées de dialogues, qui plairont par leur caractère de simplicité enjouée et par la sincérité du ton. C'est de la Morale en action qui se greffe sur la Morale par l'exemple.

Des Maximes courtes s'ajustent étroitement au récit, et frapperont l'attention des lectrices et des lecteurs.

Nous conseillons à Mesdames les Institutrices et Messieurs les Instituteurs qui feront usage de la Collection et du Livre, de montrer d'abord les « Scènes », puis de faire lire les « Récits » par les écolières et les écoliers.

Le livre serait ensuite fermé et un lecteur interrogé devant le *Tableau* reproduirait par une *narration orale* la lecture en essayant de retrouver les expressions du texte.

Il y aurait double profit à cet exercice : profit moral, profit littéraire pour l'acquisition du vocabulaire.

Quant aux Maximes, elles pourraient être apprises par cœur, après explication littérale.

Tableau n° 1
LA FAMILLE

UNION DANS LA FAMILLE : BONHEUR
DANS LA MAISON

La Famille
de François

LA FAMILLE DE FRANÇOIS.

Le père rentre du travail, la démarche lasse et le pas alourdi... mais ses traits s'éclairent d'un bon sourire, car ses enfants viennent en courant l'embrasser, et sa femme joyeuse l'attend au seuil du logis familial.

I

La Famille de François

La morale est, à proprement parler, la notion du bien et du mal. L'obligation de faire le bien et de fuir le mal compose le devoir et s'applique à toutes les facultés de l'âme humaine, à son intelligence, à sa sensibilité, à sa liberté.

C'est du père et de la mère qui constituent la famille que doivent dériver la vertu et les heureuses tendances.

« Malheur, a dit un sage, à celui qui se méprend sur les devoirs que la famille impose ! »

Beaucoup pourraient prendre exemple sur celle de François.

Voyez-le revenir chez lui après une journée de travail : la bêche qu'il a tant maniée pèse sur son épaule, son pas est alourdi et sa démarche lasse. Pourtant, voilà que ses traits tirés s'éclairent d'un bon sourire : il vient d'apercevoir, au tournant de la route, un jeune garçon qui accourt, en s'écriant :

— Bonsoir, papa, bonsoir !

— Ah ! te voilà, Pierre !

— Oui, je suis venu à ta rencontre, j'ai été sage, regarde !

Et Pierre fièrement montre un bulletin de satisfaction.

— Allons, je suis content de toi, viens m'embrasser.

Puis on arrive devant une riante chaumière. Cette fois, c'est une fillette qui s'empresse.

— Tiens voilà papa, bonsoir papa !... J'ai été première en travaux manuels.

— Bravo, la petite ménagère ! répond l'homme, qui dépose sur les joues de Francine, un baiser sonore.

Pendant cette scène, Bébé, porté par sa mère, s'agite et tend vers son père ses petits bras impatients de caresses.

La fatigue est oubliée, le contentement se lit sur tous les

visages : chacun, satisfait de la tâche remplie, est heureux de se retrouver.

Bientôt la soupe fume sur la table. C'est le moment où l'on se raconte les événements de la journée.

— Papa, dit Pierre, tout à coup, nous t'avons attendu pour savoir qui a raison de Francine ou de moi. Elle dit que, même quand on sera grand, qu'on aura des enfants, il faut toujours obéir à ses parents.

— Et toi, tu penses? interrogea le père.

— Moi, il me semble que lorsqu'on est papa, on sait assez de choses pour se diriger, sans avoir besoin de personne.

— C'est toi qui as tort, mon Pierrot, on a toujours besoin de conseils. Nos parents, ayant vécu plus que nous, ont vu plus de choses et peuvent nous faire profiter de leur expérience. Puis, vois-tu, petit, on met facilement toute sa confiance dans ceux qui vous ont aimé toute votre vie; et, dès lors, on se conforme volontiers à leurs désirs. Rien n'est plus beau, plus doux que le sentiment de la famille se perpétuant de génération en génération, dans une union que rien n'altère.

— Eh bien! tu avais raison, Francine, dit gentiment Pierre.

Le repas terminé, la mère aidée de sa fille remit tout en ordre, pendant que François faisait sauter sur ses genoux son dernier-né. Puis les deux aînés ont amusé le petit frère qu'on se réjouit d'entendre rire aux éclats.

Le père et la mère contemplent avec épanouissement ce tableau intime. Il met de la gaieté sur leurs lèvres, de la joie dans leur cœur.

Ainsi, au milieu de la concorde, l'amour des enfants leur apporte la récompense de leurs labeurs et de leur peine.

Au moment de partir pour l'école, en été,
Qui glissait dans ma main les fruits que je préfère,
Pour apaiser la soif de son enfant gâté ?
..... C'est ma mère !

Quand nous étions au bois, assis près d'un ruisseau,
Qui me faisait souvent une barque légère
Que j'aimais tant à voir se balancer sur l'eau ?
...... C'est mon père !

PAUL PRIVAT.

LA FAMILLE EST L'ÉCOLE OU L'ON APPREND LA PRATIQUE DE TOUS LES DEVOIRS

A. — L'AMOUR POUR LES PARENTS.

— Maman, désormais je travaillerai pour avoir un bon rang...
et surtout pour te faire plaisir.

II

La Victoire de Gaston

Malgré ses neuf ans bien sonnés, Gaston n'était pas toujours sage, et le désir du jeu l'emportait bien souvent chez lui sur l'amour du travail.

Il était pourtant servi par une heureuse mémoire, et arrivait, parfois, à remporter quelques succès sur ses camarades sans se donner beaucoup de mal.

Retenant très vite les choses qui lui plaisaient, il ne voulait faire aucun effort pour apprendre les autres.

Un jour, sa mère lui demanda :

— Quelle composition fait-on prochainement dans ta classe ?

— Celle de géographie.

— Et tu ne l'étudies pas ?

— Pourquoi faire ? Tu sais que la géographie ne m'entre pas dans la tête, ce n'est pas la peine que j'essaye.

— Eh bien ! voilà qui est nouveau ! Tu prétends savoir sans même essayer d'apprendre.

— C'est ennuyeux, tous ces noms de pays à retenir ; j'aurai une bonne place dans une autre matière.

— Tu te consoles vite ! Pourtant une connaissance ne remplace pas l'autre, et souvent elles se complètent. Voyons, petit, quelle figure ferais-tu si je disais :

« Tiens, au lieu de raccommoder les effets de Gaston, de lui tricoter des bas neufs, je vais faire de la broderie, qui est bien plus amusante, et je le laisserai aller à l'école avec ses habits déchirés et ses bas troués.

— Oh ! tu ne ferais pas cela, protesta le bambin vivement.

— Pourquoi ?

— Parce que je suis ton enfant et que tu m'aimes.

— N'est-ce donc pas la même chose de ton côté ?

— Si, maman, je te chéris.

— Je puis en douter, si tu ne me prouves pas cette affection.

— Comment ?

— Tu n'as qu'un seul moyen de montrer à ton père et à ta mère que tu les aimes et que tu es reconnaissant des sacrifices qu'ils font pour t'élever, c'est de t'appliquer à leur faire plaisir, en t'efforçant de remplir toutes tes obligations, et non pas seulement celles qui te sont agréables. Choisir comme tu le fais n'est pas accomplir son devoir de bon écolier, ni par conséquent de fils aimant.

— Oh ! je comprends, ma petite maman, et tu verras, qu'à l'avenir, j'étudierai toutes mes compositions, pour conserver toujours un bon rang... Seulement, pour cette fois, il est trop tard, je ne pourrai pas rattraper mes camarades.

— Qu'importe la place, lorsqu'on a bien travaillé. Ce que tu apprendras te restera acquis et tu auras fait preuve de bonne volonté.

— Je vais m'y mettre tout de suite.

Gaston se prit en effet d'une si belle ardeur que, de l'avis de son maître, jamais il n'avait fait encore une composition aussi satisfaisante. Ce fut donc la joie au cœur qu'il vint, triomphant, annoncer à sa mère :

— Je suis premier en géographie.

On devine avec quelle tendresse cette bonne mère embrassa son fils, et comme elle le félicita de sa victoire, due surtout à l'amour filial.

Allez, enfants, douces chimères,
Rêves menteurs qui nous charmez,
Vous n'aimerez jamais vos mères
Autant qu'elles vous ont aimés.

G. NADAUD.

Tableau n° 2
LES ENFANTS
B.
La Désobéissance
d'André

B. — LES SUITES D'UNE DÉSOBÉISSANCE.

André a désobéi à son père, et il a failli périr, noyé dans une crevasse. Jean, son camarade de classe, le sauve fort heureusement.

III

La Désobéissance d'André

L'hiver arrivait. La température devenait de plus en plus basse. Les écoliers soufflaient dans leurs doigts rougis en se rendant à l'école avec leur gibecière sur le dos.

Malgré ce froid vif, ils étaient plein d'entrain. La gelée n'est-ce pas le beau temps pour les glissades ?

Jean et André, les deux amis, les inséparables, comme on les appelait, se promettaient bien de se livrer ensemble à ce grand plaisir.

— Je voudrais déjà être à jeudi, s'écriait Jean avec feu.

— Moi aussi, répondit André qui marchait à côté de son ami, la figure à demi enfouie dans un cache-nez. Nous nous amuserons, hein !

— Oh ! oui, on pourra faire de bonnes parties.

— Si tu veux, nous irons à côté du pré de la mère Thomas.

— L'abreuvoir est plus large, dit Jean, et il est pris entièrement déjà.

— Mais, répondit André, papa m'a bien défendu d'aller sur l'abreuvoir. Toi, on te l'a permis ?

— On ne m'a pas parlé de ça ! Et je me garderai bien d'y faire penser.

— A jeudi dans tous les cas !

Sur ces mots, les petits camarades se séparèrent amicalement.

Le jour dit, fidèles au rendez-vous, tous deux se retrouvèrent.

Jean, sans plus attendre, s'élança sur la nappe glacée, filant avec bonheur

André le regardait d'un air morne et d'un œil d'envie.

— Eh bien quoi ! dit le glisseur, quand tu resteras là, planté, à faire le malin ! Viens donc, poltron.

— Tu sais bien que je ne suis pas peureux, riposta André en se redressant ; mais papa est si sévère ! Il ne fait pas bon lui désobéir !

— Bah ! il n'en saura rien ! Tu vois bien toi-même qu'il n'y a pas de danger. Et s'il fallait écouter toutes les défenses !...

Jean fit tant et si bien qu'André se laissa enfin convaincre. A son tour, il prit son élan sur la surface brillante.

Tout d'abord, les deux amis glissèrent côte à côte ; puis bientôt se poursuivirent.

Ils étaient en pleine animation. Jean faisait la chasse à André, quand ce dernier disparut soudain en un trou béant, qui venait de se produire dans la glace.

Le malheureux enfant n'avait eu que le temps de pousser un appel désespéré, auquel avait répondu l'exclamation d'effroi de son camarade.

Jean réussit à s'arrêter à grand'peine. Plus courageux que prudent, il s'étendit au bord de la crevasse ; et, après de bien pénibles efforts, il parvint à tirer son ami de l'eau glacée. Mais, dans quel état ! André était inerte et pâle comme un mort.

Par bonheur encore, les cris des jeunes garçons avaient été entendus. On vint à leur secours.

Les soins les plus énergiques furent prodigués au pauvre noyé. Il finit par revenir à lui, mais pour souffrir longuement d'une grave maladie qui mit sa vie en péril.

Qu'on juge du désespoir des parents et du chagrin de Jean. Il se faisait plus de reproches qu'on ne lui en adressait. Aussi, se promit-il d'être lui-même toujours obéissant à l'avenir.

Votre mère est pour vous le guide le meilleur :
Écoutez les conseils de son expérience.
Enfants, la désobéissance
Cause toujours votre malheur.

FRÉDÉRIC BATAILLE.

(*Nouvelles poésies*. — P. Dupont, édit.)

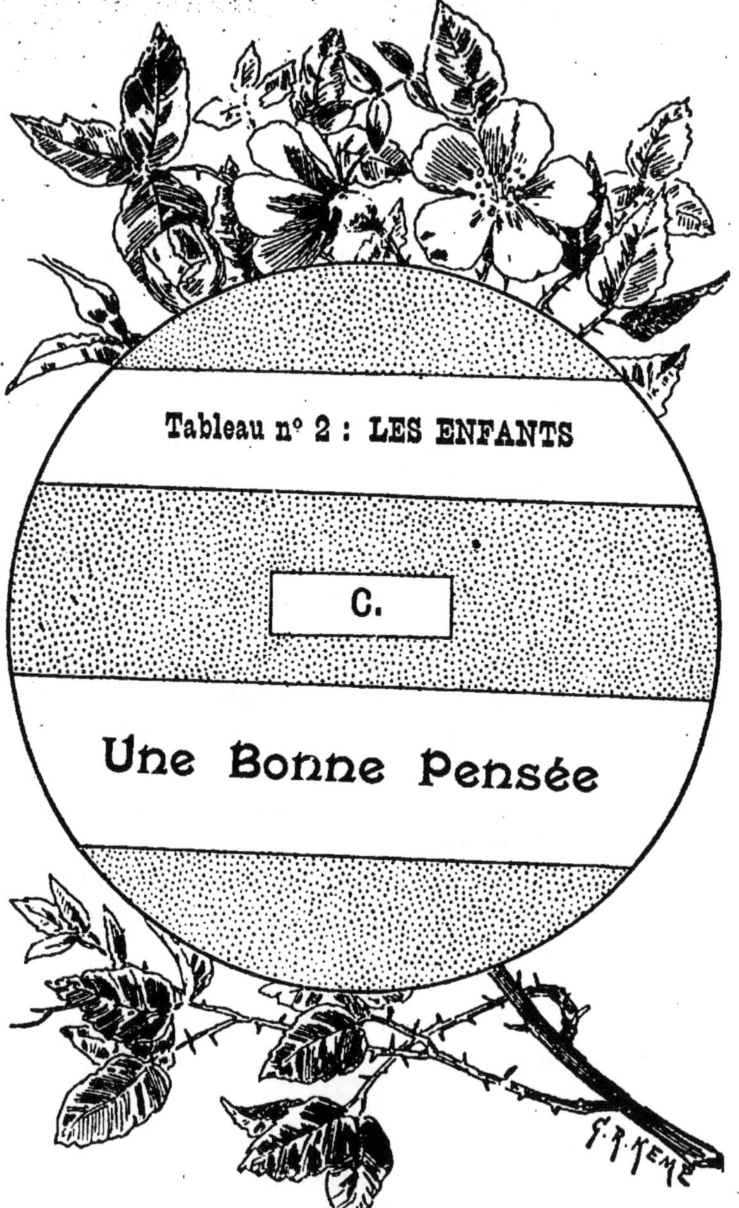

Tableau n° 2 : LES ENFANTS
C.
Une Bonne Pensée

C. — L'AIDE AUX PARENTS.

Lise s'est aperçue que sa mère est toujours essoufflée lorsqu'elle balaye. Aussi, voyez comme elle a vaillamment pris le balai... Plus tard elle aidera ses parents et les entourera de soins affectueux.

IV

Une bonne Pensée

Lise réfléchit depuis plusieurs jours.

« Voilà que j'ai sept ans passés, je suis une grande fille, pense-t-elle ; je voudrais me rendre utile... Si je pouvais aider maman. Elle se donne tant de peine pour nous ! Elle travaille tant !... Oui, mais c'est que le temps me manque, je passe ma journée à l'école, et lorsque j'en sors, j'ai encore des devoirs à faire ; ensuite, je m'amuse avec Pierrot... Tiens, une idée ! Si je me levais plus tôt, avant que personne n'ait encore bougé ? C'est dit !... »

Le soir, Lise se coucha avec son projet en tête. Elle dormit mal, ayant peur de se réveiller trop tard.

Non ! Elle a les yeux ouverts pendant que tout le monde dort encore. Bravo !

Lise hésite bien quelques secondes à sortir de son bon petit lit ; mais, bah ! un peu d'énergie, et la voilà sur pieds.

Elle fait sa toilette sans bruit, pour ne pas troubler le sommeil de ses parents, et se glisse dans la cuisine, heureuse de sa victoire.

Maintenant par où commencer ?

« Il me semble que maman est toujours essoufflée lorsqu'elle balaye : vite, courons chercher le balai. Il est bien plus grand que moi ! tant pis !... »

La volonté de bien faire soutenant la généreuse enfant, elle arrive à terminer sa tâche : la salle est toute propre et entièrement rangée.

Il y a encore à cirer les chaussures de papa, de maman, les bottines du petit frère.

Lise soupire, hésite : elle est partagée entre le désir de ménager une surprise complète à sa chère mère, et l'ennui de se salir les mains à cette besogne peu récréative.

— J'ai déjà bien travaillé pour une première fois, je ne peux pas tout terminer.

Mais tout à coup elle se dit :

« Maman en fait bien plus tous les jours ! »

Rejetant alors sa pensée paresseuse, Lise se hâte de frotter avec ardeur sur les chaussures où elle a étendu le cirage.

Dans le feu de son occupation, elle ne s'aperçoit pas que sa mère a franchi le seuil.

— Comment ! déjà levée, Lisette !

— Maman ! s'écrie l'enfant avec un accent désolé, comme si elle était prise en faute.

Du même coup, elle lâche brosses et souliers pour courir embrasser sa mère.

— Mais, chère mignonne, je ne te gronde pas, au contraire.

— Je voulais te soulager un peu, dit Lise vivement.

— Cela prouve ton bon petit cœur, mais il n'est pas nécessaire d'agir en cachette.

— Alors tu voudras bien que je t'aide tous les jours, maman chérie ?

— Avec grand plaisir, je serai même fière d'avoir une auxiliaire aussi aimante et aussi dévouée que ma petite Lise.

Quand ses cheveux seront tout blancs,
Quand ses genoux seront tremblants,
— Pauvre mère aujourd'hui si vive !
C'est moi qui gagnerai des sous
En travaillant, pour qu'elle vive
Tout doux, tout doux.

OCTAVE AUBERT.

(Pour nos chers enfants. — F. Nathan, édit.).

Tableau n° 2
LES ENFANTS
❀ ❀ ❀
D.
La petite Garde-Malade

D. — L'AFFECTION FILIALE.

Germaine, en manquant l'école pour soigner sa maman, a perdu son prix d'excellence... mais combien elle est plus heureuse de pouvoir prouver son affection à sa chère petite mère !

V

La petite Garde-malade

La maman de Germaine a été très malade, elle est restée au lit pendant de longs jours.

Oh ! comme la maison était triste ! On ne riait plus, on ne jouait plus, on parlait à peine, on marchait sur la pointe des pieds.

« Pas de bruit, aucune fatigue », avait dit le médecin « et surtout que les enfants soient sages », ajoutait-il avec autorité.

Recommandation bien superflue ! Germaine ne savait que pleurer, et ses petits frères l'imitaient.

Enfin, les plus mauvais jours sont passés. Maintenant la pauvre dame peut se lever, mais c'est pour demeurer dans un fauteuil.

La petite bande a repris son entrain, car la convalescence est commencée.

Pourtant un ennui survient : la personne qui soignait la malade est obligée de partir. Le père s'absente forcément tout le jour pour son travail, et les enfants doivent aller à l'école.

— Ne vous inquiétez pas, dit la mère avec résignation, je resterai bien seule...

— Non, non, ce n'est pas possible, déclare son mari. Que faire, que faire ?

— Papa, murmura une petite voix timide, si tu voulais... moi j'ai appris... je saurai bien... enfin tu verrais que ma tisane serait bonne. Dis, papa, laisse-moi ne pas aller en classe et rester près de maman.

— Toi ! fillette ? Tu es bien jeune ! Enfin, on peut voir, en attendant que j'aie trouvé quelqu'un.

— Pauvre chérie, dit la mère avec regret, tu vas manquer tes compositions... Et ton prix d'excellence ?...

— Ça ne fait rien, va, répondit l'enfant, en embrassant sa mère avec tendresse, je travaillerai si bien à côté de toi !

Et voilà Germaine entreprenant son rôle de garde-malade.

Elle s'en acquitta avec le plus grand zèle. A telle heure il faut prendre la potion, à tel autre moment elle arrive avec une tasse fumante. Elle qui était un peu étourdie et pas toujours fort exacte, elle devient aussi régulière qu'une horloge. Elle s'inquiète si l'oreiller est bien mis, si la chaufferette n'est pas froide ; enfin, elle a toutes les prévenances et toutes les attentions.

Cette convalescence dura pendant quelque temps ; et quand Germaine reprit ses études, elle avait, par son absence prolongée, perdu son prix d'excellence. Elle en fut vite consolée en songeant qu'elle avait été utile à sa bonne mère. La tendre enfant trouvait que ce sacrifice était bien petit, comparé à tous ceux que cette maman chérie avait déjà faits pour elle.

Le Cœur d'une mère.

« Ta pauvre mère est bien malade.
Ne fais pas de bruit, mon enfant !
Pas de cris, et pas de gambade !
C'est le docteur qui le défend. »

L'enfant se tait. Dans sa demeure
La mort entre pendant la nuit.
Et, quand il se réveille, on pleure.
« Puis-je à présent faire du bruit ?»

De lui se détourne son père ;
Puis on l'habille tout de noir.
« Ah ! me voilà beau, j'espère ?
Je veux voir maman. — Viens la voir.»

Et, sanglotant, le père emporte
L'enfant étonné dans ses bras
Jusqu'en la chambre de la morte.
« Maman !... elle ne bouge pas.

« Porte-moi donc sur son lit, père !»
Et lui, dans ses pleurs étouffant,
Sur le cœur glacé de la mère
Souleva le petit enfant.

« Voilà celle dont la tendresse
T'a nourri ! regarde-la bien.
Tu n'auras plus une caresse !
Hélas ! elle n'entend plus rien ! »

Il se trompait. Le cœur sans vie,
Dès que l'enfant chéri fut là,
Se remit à battre, et ravie
Cette mère se réveilla !...

RATISBONNE.

(La Comédie enfantine. — Hetzel, édit.)

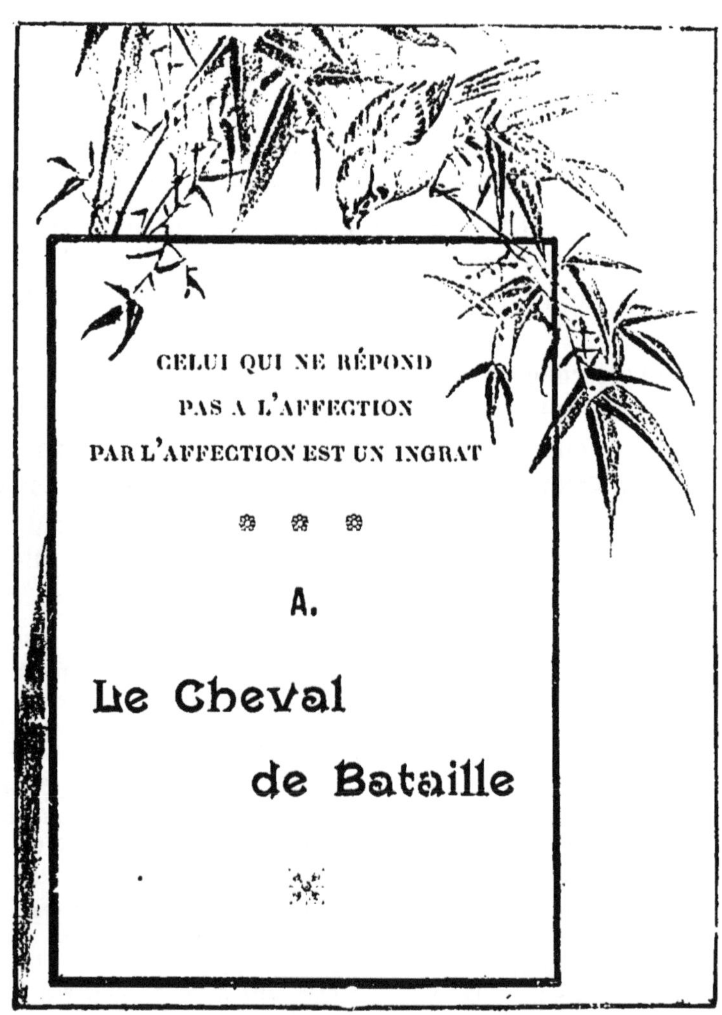

CELUI QUI NE RÉPOND
PAS A L'AFFECTION
PAR L'AFFECTION EST UN INGRAT

A.

Le Cheval
de Bataille

A. — LE GRAND-PÈRE.

Le vieux grand-père oublie sa fatigue et ses infirmités... il est
si heureux du sourire et de la joie de son petit Popol !

VI

Le Cheval de Bataille

— Grand'père, disait le petit Paul, fais-moi jouer à la guerre, puisque toi tu sais bien !...

— Oh ! oui, mon Popol, je connais le métier, j'ai fait assez de campagnes ! De mon temps, ce n'était pas comme aujourd'hui où tout le monde est soldat pendant trois ans.

— Comment c'était alors ?

— Si on prenait un mauvais numéro à la conscription et qu'on ne soit pas assez riche pour s'acheter un *remplaçant*, on quittait ses parents, son travail et ses biens pendant sept ans. C'était long, va !...

— Et on allait à la guerre ?

— D'où l'on ne revenait pas toujours.

— Mais toi, tu es revenu, grand'père, c'est là peut-être que tu as laissé tes cheveux ?

— Un peu là, un peu ailleurs, parce que la vie aussi est un grand champ de bataille.

— Alors je peux me battre et commander des armées ?

— En imagination, certes, mon Popol. Attends ! Avec mon journal, je vais te faire un chapeau de général ; le coq de notre basse-cour fournira le panache, et tu sonneras de la trompette pour rassembler tes troupes.

— Tu me feras aller à cheval.

— Bien sûr ! Un bon général ne commande pas à pied.

Et voilà maître Paul installé sur son aïeul, qui a eu soin de prendre un petit banc pour tenir son genou plus élevé.

Bientôt, sur cette complaisante monture, l'enfant s'élève et s'abaisse au chant mesuré de :

> A cheval gens d'arme,
> A pied Bourguignons,
> Allons à la guerre,
> Quand d'autres y vont.
>
> Au pas, au pas ! Au trot !
> Au galop, au galop !

Et les rires joyeux de Paul éclatent comme une fanfare, interrompus par un « Encore ! » souvent répété.

Le vieillard ne se lasse pas d'obéir à cette invitation enfantine. Sans se laisser arrêter par la raideur de ses vieilles jambes, il continue à amuser son petit-fils, avec une constance sans égale, et les deux visages s'épanouissent, l'un par le bonheur qu'il éprouve, l'autre par celui qu'il procure.

Que voulez-vous ? On n'est pas grand-père à demi.

Paul le sent bien. Sans doute, il est trop jeune encore pour exprimer ou définir ses sentiments ; mais son petit cœur comprend tout l'amour qui fait agir son aïeul et, à son tour, il le chérit.

Comme c'est un bon enfant, il devine ce que de plus grands ne se disent pas toujours, que celui qui ne répond pas à l'affection par l'affection est un ingrat.

> Son cœur était ouvert à tous. On pouvait lire
> Le calme sur son front, la bonté dans ses yeux ;
> Et, lorsque sur sa bouche il passait un sourire,
> On croyait voir passer comme un rayon des cieux.
>
> Puis, il était si bon pour moi ! — Dès que décembre,
> Neigeux, humide et froid, me fermait le jardin,
> Souvent, à ses côtés, je jouais dans la chambre,
> Vénérable grand-père et petit-fils mutin !
>
> Puis, lorsque j'étais las de jouer : « Une histoire,
> Grand-père ! » Et me voilà sur ses genoux, assis.
> Lui cherchait un moment dans sa vieille mémoire,
> Et, me baisant au front, commençait ses récits.

TOURNIER.

(*Premiers Chants.* — Hachette et Cie, édit.)

Tableau nᵒ 3
LES GRANDS-PARENTS

❀ ❀ ❀

B.

Qui aime

le mieux ?

3. — LA GRAND'MÈRE.

Bonne maman a des gâteaux pour Lucien, de beaux albums avec de belles images pour Jacques et Nanette. Les grands-parents aiment bien leurs petits-enfants. Aussi comme on les aime!

VII

Qui aime le mieux?

Lorsque Jacques, Suzette et petit Lucien ont été ... certainement ... ils ont tout ... de même ... pour eux à bonté, à
tendresse et l'intelligence.

Aussi, quelle joie quand « maman » leur annonce qu'ils vont
aller passer la journée chez grand'mère.

C'est une vraie joie.

Jacques ne trouve pas d'autre moyen d'exprimer son contentement que de gambader comme un chevreau, tandis que Lucien crie à tue-tête.

Suzette est plus calme, quoique tout aussi enchantée.

On trouve chez bonne maman ... elle a préparé un excellent
petit déjeuner.

Ces enfants ne sont pas gourmands; mais il y a là tant de
choses que Lucien ne cesse de répéter en les mangeant :

— Oh ! c'est bon ! c'est bon.

Il fait si bien que les deux filles ne peuvent s'empêcher d'en
rire.

Après le repas, ... assise entourée de ses trois petits-enfants
explique les gravures d'un bel album.

On les a déjà souvent regardées, toutes ces images ; mais
chaque fois, c'est avec un plaisir nouveau.

Voilà le *Petit Poucet et l'Ogre*, dont on voudrait avoir les
bottes de sept lieues.

Peronnie et son Puits au lait, que l'on se propose bien de ne
jamais imiter.

La Belle au bois dormant.

— Toujours sage ? dit Lucien.

Robinson Crusoë, dans son île, avec le fidèle *Vendredi*, que Jacques trouve « aussi laid que dévoué », etc., etc.

Quant à lui, Jacques, si turbulent, de sa nature, il demeure immobile aux récits de sa grand'mère.

Lucien, perché sur un tabouret, pousse des exclamations de joie à chaque page qu'on retourne.

Suzette suit avec attention.

La journée s'achève trop vite au gré de la petite bande. Au moment de quitter l'aïeule, les enfants l'embrassent avec effusion et la remercient.

— Alors, vous m'aimez bien, mes chéris? dit-elle.

— Oh! oui, grand'mère, répond-on d'une même voix.

— Pourquoi m'aimez-vous?

— C'est parce que tu donnes des gâteaux, crie le bébé.

— Parce que tu racontes de belles histoires et que tu me laisses faire tout ce que je veux, déclare Jacques.

— Et toi, ma Suzette?

— Tu es si bonne, si bonne! Je t'aime... parce que je t'aime.

— A la bonne heure! fillette, toi seule as bien compris. En effet, aimer quelqu'un pour le bien qu'il vous fait ou le plaisir qu'il vous procure, c'est de la reconnaissance; mais l'aimer pour lui-même, voilà la seule véritable affection.

Maurice est fâché contre sa grand'mère
Il fait le taquin.. Pourquoi?... C'est, je crois,
Qu'elle l'a fait lire et deux, et trois fois
Parce qu'il avait mal lu la première.

C'est pendant l'hiver. Au coin de son feu,
La grand'maman s'est, frileuse, placée,
Et vers l'âtre tend — toujours bien chaussée —
Un très petit pied... que l'on vante un peu.

Or, comme le bambin est bien avec elle,
Il lui fait souvent quelque compliment :
« Ils sont gentils, dis, tes pieds, grand'maman? »
Ou : « N'est-ce pas, dis? C'est toi la plus belle ? »

Mais, grognon pour l'heure, il marmotte : « Oh! moi,
« *Je vois pas pourquoi t'en serais si fière;*
« *Y sont pas si beaux, tes pieds, va, grand'mère!*
« Ma maman les a... bien plus grands que toi!... »

AMÉLIE PERRONNET.

(L'Art d'être grand'mère. — A. Picard et Kaan, édit.)

Tableau n° 3
LES GRANDS-PARENTS

C.

Le bâton
de
Vieillesse

C. — LE BON PETIT-FILS.

Marcel aime son grand-père, si bon, toujours prêt à lui dire de belles histoires. Aussi est-il heureux de lui prêter son appui pour aller à son fauteuil du jardin.

VIII

Le bâton de vieillesse

M. Derval est un vieillard très affable. Malheureusement pour lui, les douleurs sont arrivées avec l'âge. Souvent il éprouve de la difficulté à marcher et doit se servir d'une canne pour aller de son fauteuil à son jardin.

L'autre jour, il disait en soupirant :

— Hélas ! mes jambes s'affaiblissent de plus en plus, et je crois que bientôt il me faudra un second soutien.

Marcel, son petit-fils, qui était présent, s'écria :

— Mais, grand-père, tu disais toujours que je serais ton bâton de vieillesse ; ne suis-je pas assez grand pour te venir en aide ?

— Cher petit, je craindrais de te fatiguer.

— Non, non, il n'y a pas de danger, je suis fort, j'ai eu le prix de gymnastique.

— Oh ! alors, fit le grand-père en souriant, je veux bien essayer. Viens, je vais m'appuyer sur ton épaule.

Marcel était ravi. Avec quelle fierté il remplissait son obligeant office !

Pourtant, plus on approchait du banc, plus le jeune garçon sentait la main s'appesantir sur sa petite épaule ; mais il se gardait de laisser paraître sa lassitude et se redressait courageusement.

— Tu es un brave petit homme, dit M. Derval, en s'asseyant. N'es-tu pas trop fatigué ?

— Mais non, grand-père, je suis si content que tu aies bien voulu de moi.

— Tu peux aller jouer, maintenant.

— Pour retourner, tu m'appelleras, dis ?

— Oui, sois tranquille et amuse-toi bien.

Marcel s'éloigna en sautillant.

Il courut rejoindre des petits camarades, et entreprit avec eux une partie de barres. Ah ! quelle animation ! quel entrain ! Son camp est sur le point de gagner, quand tout à coup, au moment le plus palpitant, on entend appeler :

— Marcel ! Marcel !

— C'est la voix de grand-père, s'écrie le petit garçon, il faut que j'aille le rejoindre.

— Tout à l'heure, disent les camarades ; il faut finir la partie.

— Oh ! non, je ne veux pas le faire attendre.

Et, aussitôt, sans hésiter, Marcel quitte le jeu.

La mine souriante, il arrive vers son bon papa, se gardant bien de lui laisser deviner le petit sacrifice qu'il a dû faire pour accourir l'aider.

Le retour se fit sans encombre.

Maintenant, voici l'heure du travail. L'enfant se met à la besogne. Il y a une grande difficulté dans son devoir.

— Je vais demander conseil à grand-père, il sait tant de choses !

M. Derval ne se fait pas prier pour satisfaire son cher petit-fils.

Ce qu'il explique est si clair que Marcel n'a plus aucune peine à comprendre.

— Oh ! le bon grand-père que j'ai ! s'écrie Marcel, en sautant au cou du vieillard.

— Et le gentil petit-fils que je possède ! répond M. Derval, en lui rendant sa caresse.

On sait toujours quand on fait bien ;
Jean, une voix parle en toi-même :
C'est la voix de quelqu'un qui t'aime ;
Car son bon conseil, c'est le tien.

Ecoute-la, la voix secrète,
Mon fils, la voix de bon conseil :
Elle veille dans ton sommeil,
Et partout elle est toujours prête.

JEAN AICARD.

(*La Chanson de l'Enfant.* — Flammarion, édit.)

Tableau nº 3
LES GRANDS-PARENTS
* * *
D.
Les Lunettes
de
Grand'mère

D. — LA BONNE PETITE-FILLE.

Geneviève sait tout le dévouement et toute l'affection de sa
grand'mère, qui a tant fait pour elle. Elle lui en est bien recon-
naissante et cherche à lui être utile en enfilant l'aiguille de la chère
vieille qui n'y voit plus bien clair.

IX

Les lunettes de grand'mère

Geneviève a perdu ses parents, alors qu'elle n'était encore qu'un bébé. C'est sa grand'mère, Mme Bonnet, qui l'a élevée. Aussi, l'enfant aime-t-elle de tout son cœur sa bonne aïeule.

Tant qu'elle était petite, Geneviève n'avait pas compris tout le mal qu'elle avait donné à sa bonne maman. Maintenant que ses dix ans sont venus, c'est une grande fille raisonnable.

Geneviève voudrait, à son tour, prouver son affection en rendant service le plus possible. Elle s'informe des choses dont Mme Bonnet peut avoir besoin. Quand celle-ci se met à coudre, sa petite-fille lui demande :

— Grand'mère, as-tu ton dé, les ciseaux, ton fil ?

Si quelque objet manque, l'enfant court comme un chat pour aller le chercher, et revient plus vite encore.

— Maintenant, dit-elle un jour, je vais t'enfiler ton aiguille.

— Oh! je veux bien. Ma vue baisse encore, d'ici peu je serai obligée de m'acheter des lunettes plus fortes.

Lorsque la grand'mère eut repris sa couture, Geneviève se mit à réfléchir.

— Je voudrais tant pouvoir faire une surprise à grand'mère, pensait-elle... Comment avoir de l'argent ?

A force de chercher, l'enfant trouve. Ce sera long, mais avec de la patience!...

Quand elle a de bonnes places à l'école, son aïeule lui donne quelques sous pour acheter des friandises : à l'avenir, elle mettra son argent de côté.

Parfois, des voisines lui font faire des commissions, et c'est une autre source de petits profits. Elle les joindra aux premiers.

— Je ne te vois plus manger de gâteaux, remarqua une fois Mme Bonnet. Tu ne les aimes donc plus ?

— Mais si, grand'mère.

— Alors, que fais-tu de ton argent?

— Je l'économise.

— Bah! vraiment! C'est très bien cela.

A quelque temps de là, Geneviève parut plus gaie que de coutume.

Tandis que la bonne maman prenait son ouvrage et s'apprêtait à placer ses lunettes sur son nez, la petite fille se mit à suivre ses mouvements avec attention.

— C'est singulier, s'écria tout à coup la vieille dame, est-ce que je vais retrouver mes yeux de quinze ans. Que je vois clair avec ces lunettes! On dirait qu'on me les a changées.

En entendant ces mots, Geneviève se mit à danser de joie.

— Oh! oh! petite fine mouche! Je crois comprendre que ces verres ne se sont pas transformés tout seuls. Serait-ce toi, par hasard ?

Pour toute réponse, Geneviève, heureuse, se jeta dans ses bras.

Caressez bien, enfants, votre chère grand'mère,
Soyez plein de respect pour ses beaux cheveux blancs,
Sachez qu'elle est tout près de quitter cette terre,
Et que rien n'est plus doux que des baisers d'enfants.

Félix Comte.

(Les Petits chants des Écoliers. — A. Colin, édit.)

Tableau nº 4. — LES FRÈRES ET SŒURS

NOS FRÈRES ET NOS SOEURS SONT DES AMIS QUE LA
NAISSANCE NOUS A DONNÉS

4. — LA SŒUR AINÉE.

La maman de Louise doit travailler hors de sa maison, et Louise est tout heureuse de jouer le rôle de petite mère auprès de son petit frère.

La Sœur aînée

Louise Bernard était ennuyée de ce que son petit frère Julien se trouvât loin d'elle.

Leur mère, pour ne pas interrompre un travail productif, avait mis le bébé en nourrice à la campagne.

Un jour que les parents étaient allés le voir, ils trouvèrent pâle, chétif et sans forces, l'enfant qu'on leur dépeignait toujours si bien portant. Il était évident qu'il manquait de soins et de nourriture.

— Il faudrait le reprendre, dit Mme Bernard à son mari ; mais qui pourrait s'en occuper ?

— Moi, maman, s'écria la grande sœur avec élan.

— Toi ! ma Louise, tu vas en classe !

— Il y a bien des moments où je suis à la maison ; et puis, on s'arrangera, j'ai des récréations, tu verras que je saurai bien me tirer d'affaire.

Ce fut chose convenue ; on emmena Julien.

Cette décision allait forcément changer l'existence de Mme Bernard. Le travail qu'elle faisait au dehors, elle devrait l'exécuter en partie chez elle, Louise n'ayant pas l'âge d'abandonner l'école.

Toutefois, dès que la petite fille rentrait, elle s'empressait autour du poupon, cherchait à l'amuser, et s'entendait mieux que personne à l'empêcher de pleurer.

La grande sœur avait pour ce petit une douceur et une patience qui ne se démentaient jamais. Et lorsqu'il fallait l'endormir donc ! avec quelle constance elle le berçait en chantant !

Le plus souvent c'était elle encore qui lui donnait sa nourriture. Aussi comme il connaissait sa « Loulou » ! et comme il s'agitait sur son petit fauteuil dès qu'il la voyait apparaître.

Quand Louise était là, Mme Bernard pouvait sans crainte reporter son travail, elle laissait l'enfant en de bonnes mains. Il avait d'ailleurs repris vivement sa santé et ses fraîches couleurs.

C'était toujours la mère qui préparait la soupe du poupon.

Un jour, elle se trouva retardée dans une course, l'heure du repas de Julien arriva et maman n'était pas rentrée. Monsieur Bébé qui avait grand faim perdait patience, Louise épuisait sans succès ses plus belles chansons pour le calmer. A la fin elle s'écria :

— Tant pis ! Je vais essayer de faire la soupe.

Elle avait bien peur de ne pas réussir cette première cuisine, mais elle chercha à bien se rappeler comment sa mère s'y prenait et, guidée par sa tendresse fraternelle, elle obtint un résultat satisfaisant.

Cette soupe devait être bien bonne, si l'on en juge par l'empressement que mettait Julien à se précipiter sur sa cuiller. Toujours est-il que le bol était vide quand la maman rentra.

Louise fut félicitée de son initiative et Mme Bernard eut désormais le cœur encore plus tranquille, d'abandonner le petit à la garde d'une sœur, qui lui donnait des soins si maternels.

Elle avait ses dix ans à peine,
Qu'on admirait dans la maison,
Dans la maison bruyante et pleine,
Sa bonne humeur et sa raison.

Toujours à bien faire occupée,
Ferme et vaillante avec douceur,
Elle aimait au lieu de poupée,
Elle aimait sa petite sœur.

Aimez-la bien, la sœur aînée,
Retenez-la dans votre nid ;
C'est pour vous qu'elle nous est née,
Et votre père la bénit.

VICTOR DE LAPRADE.

(*Le Livre d'un père.* — Hetzel et Cie, édit.)

LES FRÈRES ET SŒURS

B. — LA BONNE ENTENTE.

Quelle joie pour Jacques, Thérèse et Maurice quand vient le jeudi et que l'on peut tous jouer ensemble! C'est que Jacques, en bon grand frère, se prête à toutes les fantaisies de Thérèse et de Maurice.

XI

La bonne entente

Le jeudi, quel beau jour pour les enfants en général!

Il paraît que ce n'était pas le cas pour Thérèse et Maurice, car leur frère aîné, Jacques, n'allant pas en classe ce jour-là, leurs jeux se trouvaient tout désorganisés.

Jacques imaginait mille tracasseries pour se distraire aux dépens des plus jeunes. Tantôt il s'emparait du ballon de Maurice, tantôt il traînait la poupée de Thérèse par les pieds, au grand chagrin de la petite maman!

Malgré tout, Jacques n'était pas méchant : il ne songeait qu'à rire et ne se rendait pas compte de la peine qu'il causait aux petits. Aussi fut-il vraiment désolé un soir qu'il entendit Thérèse s'écrier :

— Ah! quel malheur! c'est demain jeudi !

Et le jeune frère de répondre :

— Le vilain Jacques va encore faire pleurer Maurice; Maurice ne l'aime pas.

Jacques, pâle d'émotion, courut se jeter en larmes dans les bras de sa mère, en lui racontant ce qu'il avait surpris par hasard.

— Pourtant je l'aime bien, moi, dit-il.

— Tu le lui prouves, sans doute? Tu es pour lui plein d'attentions, comme un frère aîné raisonnable vis-à-vis d'un bébé de cet âge? Tu le fais jouer avec douceur et tu te prêtes sans impatience à ses caprices? Tu lui laisses prendre tes jouets et tu ne touches pas aux siens?

Jacques, troublé, baissa la tête et répondit bien bas :

— Pas tout à fait, maman.

— Alors, comment veux-tu qu'il t'aime?

— Oh! je comprends, je comprends, s'écria-t-il en essuyant ses yeux et en embrassant sa mère.

Le lendemain, plein de bonnes résolutions, il vint trouver son frère et sa sœur et leur dit :

— Nous allons jouer tous les trois avec mes soldats.

Les deux petits n'en revenaient pas et le regardaient d'un air à la fois méfiant et stupéfait : la méfiance l'emporta.

— Merci, fit Thérèse, d'un air un peu pincé, il faut que je m'occupe de ma fille.

— Les soldats, c'est pas amusant, répondit le plus jeune.

— Si on jouait au cheval, je ferais le dada, Maurice le cavalier, et Thérèse le cocher.

Cette idée était si séduisante qu'elle fut adoptée avec des cris de joie : la confiance était revenue.

Jacques, à quatre pattes, fit grimper Maurice sur son dos; Thérèse, les guides en main, fouettait doucement la monture, et bientôt des fusées d'éclats de rire se firent entendre.

La mère, attirée par cette gaieté, entr'ouvrit doucement la porte. Elle soupira bien un peu sur le traitement infligé aux genoux du pantalon; mais elle fut tellement satisfaite de la bonne entente de ses chers petits qu'un sourire éclaira son visage.

Jacques l'aperçut et cela le paya de ses peines.

Il est si beau, l'enfant, avec son doux sourire,
Sa douce bonne foi, sa voix qui veut tout dire,
Ses pleurs vite apaisés,
Laissant errer sa vue étonnée et ravie,
Offrant de toutes parts sa jeune âme à la vie,
Et sa bouche aux baisers !

VICTOR HUGO.

(L'art d'être grand-père. — Hetzel, édit.'.

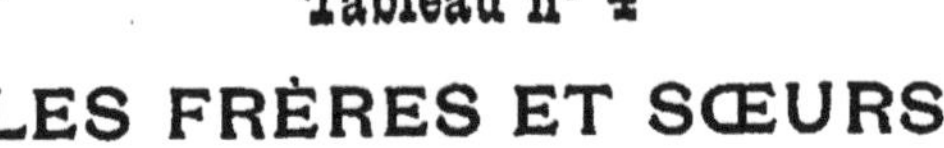

Tableau n° 4

LES FRÈRES ET SŒURS

C.

L'Étude en commun

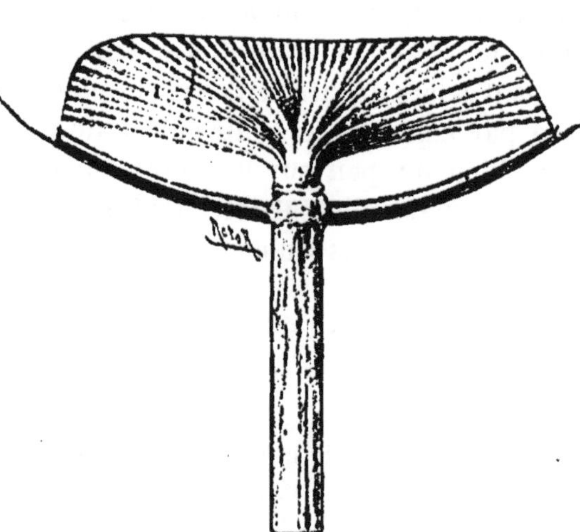

C. — L'ÉTUDE EN COMMUN.

Les deux frères travaillent ensemble et leurs progrès en augmentent ; ils prennent dès le jeune âge l'habitude de s'aider mutuellement. Comme cet appui réciproque les rendra forts dans la vie !

XII

L'Etude en commun

Henri et Philippe sont deux frères à peu près du même âge : moins d'un an les sépare. Comme Philippe a été malade, cela l'a retardé dans ses études et il est dans la même classe qu'Henri.

Tout d'abord les deux frères ne s'entendaient pas très bien. Sous prétexte que l'un étudiait ses leçons à haute voix, que l'autre faisait bruyamment ses devoirs, ils avaient demandé à leurs parents de les laisser travailler dans des pièces différentes.

On le leur accorda.

A vrai dire, la besogne n'en fut pas meilleure, et les deux écoliers n'avaient qu'un rang médiocre.

Un jour, en sortant de classe, ils virent deux de leurs camarades (les premiers dans la dernière composition) qui se dirigeaient du même côté.

— Où vas-tu donc, Lucien? demanda Henri, car ce n'est pas précisément par ici que tu habites.

— Je vais chez Frédéric ; puisque ni l'un ni l'autre n'avons le bonheur d'avoir un frère, nous tâchons de nous en tenir lieu en travaillant ensemble.

— Et vous vous entendez ?

— Très bien! Nous y trouvons grand avantage.

— Comment cela?

— D'abord nous nous communiquons les notes prises pendant la leçon. Tu sais que le professeur parle trop vite pour qu'on puisse tout écrire, et souvent l'un a consigné ce que l'autre a négligé. Puis, on s'arrange pour faire en même temps les mêmes devoirs.

— Sans copier?

— Bien entendu. Mais on se dit ce que l'on pense, et chacun apportant son idée, nous arrivons à mieux juger certaines choses, avant de rédiger chacun pour soi. Dans les problèmes, au contraire, après avoir cherché séparément, on se dit sa solution, et l'on recompte jusqu'à ce que les deux soient semblables.

— Et pour les leçons?

— Nous nous les faisons réciter mutuellement, ce qui est une manière de mieux les retenir... Mais pourquoi me demandes-tu tout cela? Vous devez en faire autant avec Philippe.

— Non, dit Henri en baissant la tête; mais nous allons essayer.

En effet, à partir de ce jour, les deux tables de travail furent replacées dans la même salle; et les frères, mettant à profit l'exemple donné par leurs camarades, reconnurent bientôt que l'étude en commun, lorsqu'elle est bien comprise et sérieusement faite, est plus fructueuse, tout en étant plus agréable.

Ils n'oublièrent jamais cette maxime :

Souffre sans murmurer tous les défauts des autres,
  Pour grands qu'ils se puissent offrir,
Et songe qu'en effet nous avons tous les nôtres,
Dont ils ont à leur tour encor plus à souffrir.

Si tous étaient parfaits, on n'aurait rien au monde
  A souffrir pour l'amour de Dieu,
Et cette patience, en vertus si féconde,
Jamais à s'exercer ne trouverait de lieu.

Aucun n'est sans défaut, aucun n'est sans faiblesse,
  Aucun n'est sans besoin d'appui,
Aucun n'est sage assez de sa propre sagesse,
Aucun n'est assez fort pour se passer d'autrui.

CORNEILLE.

Tableau n° 4
LES FRÈRES ET SOEURS
* * *
D.
Le petit
menuisier

D. — L'OBLIGEANCE.

Antoine sait combien son petit frère et sa petite sœur tiennent à leurs jouets, à leurs pauvres jouets tout cassés. Il les a raccommodés et voyez sa joie d'avoir causé le bonheur du petit Émile et de la petite Marie. Rien ne contente son cœur comme le bien fait à autrui.

XIII

Le petit menuisier

Antoine ayant obtenu son certificat d'études demanda à être mis en apprentissage chez un de ses parents, habile menuisier, dont il avait souvent admiré la manière de travailler le bois.

C'était un bon garçon qu'Antoine.

Il voyait son père rentrer chaque soir bien fatigué de sa journée de labeur, il voyait sa mère faire des prodiges d'économie et bien des fois peiner pour arriver à ordonner les dépenses du ménage sans dépasser le modeste salaire du père, et il s'était dit :

« Si je gagnais un peu, moi aussi, cela aiderait à élever mon frère et ma sœur ».

Voilà pourquoi Antoine avait voulu commencer de bonne heure à apprendre un métier.

Depuis un an qu'il fréquentait l'établi, certes il n'était pas encore passé maître ; mais il maniait déjà pas mal la scie et le rabot.

— Quand tu seras bon menuisier, lui demanda un jour sa petite sœur Marie, tu me feras une belle armoire pour ma poupée?

— Les meubles, c'est l'affaire des ébénistes, répondit Antoine.

— Moi, tu me feras un chariot, dit son petit frère Émile, pour remplacer celui qui ne roule plus.

— C'est un travail de charron que tu me proposes!

— Eh bien! quoi, alors? s'écrièrent-ils ensemble.

— Tout ce qui sera en mon pouvoir. Mais, dès maintenant,

ce que je ne sais pas fabriquer je puis peut-être le raccommoder. Avez-vous des objets cassés ? Apportez-les moi, je les
réparerai.

— Je cours chercher mon chariot !

— Et moi, ma boîte à ouvrage !

Sans tarder, les deux petits arrivèrent, apportant chacun son
objet détérioré.

Au chariot il manquait trois roues sur quatre ; et la boîte ne
représentait plus que des morceaux de bois qui ne semblaient
s'être jamais rencontrés.

— Elle n'était pas solide, disait Marie.

Antoine ne se rebuta point. Sa journée finie, il se mit en
devoir de confectionner des rondelles et de les clouer à la
minuscule voiture.

Avec sa petite marmite à colle forte, il rajusta les morceaux
de la boîte, et y mit une anse de sa fabrication, pour la rendre à la fois plus commode et plus solide.

Il fallait voir l'air épanoui des deux enfants quand ces chers
jouets leur furent ainsi remis plus beaux que des neufs. Comme
ils remercièrent avec élan leur grand frère, et comme le bon
Antoine se trouva récompensé de son obligeance et de sa bonté
par ces fraternelles caresses !

Que vous êtes heureux aux genoux de vos mères,
Vous qui vous appuyez sur des sœurs ou des frères,
Et qui, sauvés d'un choix qui veut tant de raison,
Rencontrez l'amitié sans quitter la maison !

Frère ! Sœur ! On croit voir deux roses sur la branche,
Quatre ailes s'agiter sous la colombe blanche !
Oh ! ces noms, ces doux noms et de frère et de sœur,
On ne les apprend pas, ils nous viennent du cœur.

H. VIOLEAU.

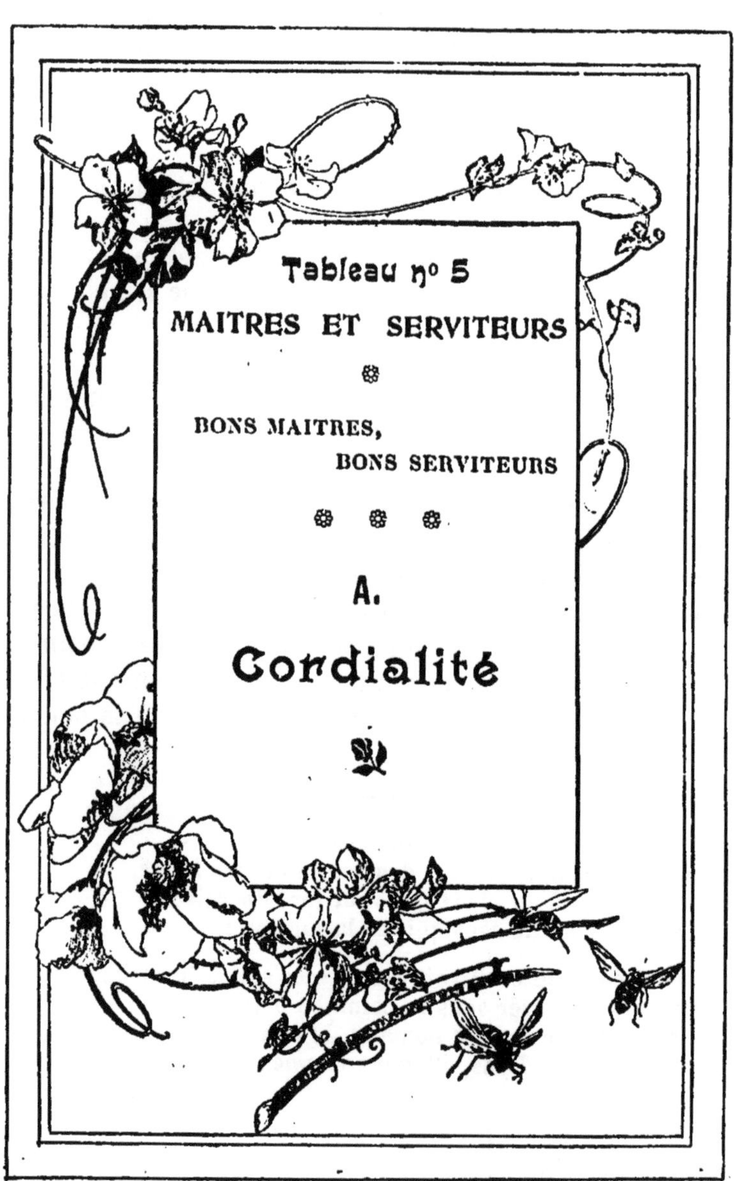

Tableau n° 5

MAITRES ET SERVITEURS

BONS MAITRES,
BONS SERVITEURS

A.

Cordialité

A. — CORDIALITÉ DANS LES RAPPORTS.

— Mon brave Jean-Paul, c'est vous qui avez eu l'idée de planter de l'orge ici. Laissez-moi vous en remercier, et croyez bien que, la moisson finie, je saurai récompenser votre habileté et votre zèle.

XIV

Cordialité

Pierre Barel, fils d'un grand agriculteur, était entré à l'école de Grignon, pour complaire à son père ; mais il n'y avait pas pris le goût du métier. Il aimait la campagne pour les agréments qu'elle offre dans la belle saison, et non pour les travaux qu'elle impose.

Au rôle de cultivateur qu'exerçait si bien son père, Pierre préférait une situation en ville, et ses parents le laissèrent libre.

M. Barel était encore jeune ; il comptait pouvoir travailler longtemps sans l'aide de son fils. Une mort subite vint l'enlever à l'affection des siens.

Voilà Pierre forcé de se mettre à la tête de l'exploitation paternelle. Il chercha bien à se rappeler les théories agricoles apprises quelques années auparavant, mais des lacunes s'étaient faites dans sa mémoire ; et, de plus, la grande pratique lui manquait.

Sans se parer d'un orgueil ridicule, et sans prétendre tout connaître sous le prétexte qu'il était patron, Pierre eut le bon esprit d'envisager sa tâche avec simplicité.

Il y avait à la ferme des anciens serviteurs, habitués au travail des champs, et dont tout le savoir provenait de l'expérience. Le nouveau cultivateur résolut de les traiter avec bienveillance et d'accueillir favorablement leurs avis.

Dans sa tournée quotidienne, c'était toujours d'un air affable que Pierre abordait chacun.

— Bonjour, Jean-Paul, dit-il, certain jour d'été, à l'un de ses moissonneurs, vous voilà content de notre récolte.

— Certes ! Monsieur Barel, répondit l'homme en soulevant son chapeau.

— Vous avez droit d'en être fier, car c'est vous qui m'avez conseillé de mettre de l'orge en cet endroit plutôt qu'auprès des peupliers.

— Dame ! on connaît son terrain, depuis si longtemps qu'on le travaille, et l'on ne demande qu'à voir prospérer le fils de son ancien bon maître, toujours si regretté.

— C'est bien, Jean-Paul, mais soyez sûr que si vous pensez à moi, je saurai, à mon tour, ne pas vous oublier. Laissez finir la moisson, et vous verrez que tous aussi vous serez contents de moi autant que je suis content de vous. La récompense couronnera tous les efforts.

Des serviteurs ainsi encouragés ne pouvaient manquer de prendre les intérêts de leur patron.

Pierre Barel n'eut donc qu'à se féliciter des résultats obtenus par son aménité et sa bonhomie.

Lui-même, en présence de ce bon état des choses, se trouva heureux dans sa nouvelle carrière.

> Travaillez, prenez de la peine ;
> C'est le fonds qui manque le moins.
>
> Un riche laboureur, sentant sa mort prochaine,
> Fit venir ses enfants, leur parla sans témoins.
> « Gardez-vous, leur dit-il, de vendre l'héritage
>   Que nous ont laissé nos parents :
>   Un trésor est caché dedans.
> Je ne sais pas l'endroit ; mais un peu de courage
> Vous le fera trouver : vous en viendrez à bout.
> Remuez votre champ dès qu'on aura fait l'oût ;
> Creusez, fouillez, bêchez, ne laissez nulle place
>   Où la main ne passe et repasse. »
> Le père mort, les fils vous retournent le champ,
> Deçà, delà, partout ; si bien qu'au bout de l'an
>   Il en rapporta davantage.
> D'argent, point de caché. Mais le père fut sage
>   De leur montrer, avant sa mort,
>   Que le travail est un trésor.

LA FONTAINE.

Tableau n° 5

MAITRES ET SERVITEURS

❀ ❀ ❀

B.

Le

Fidèle

Baptiste

B. — DÉVOUEMENT.

Quel admirable dévouement montre Baptiste, ce serviteur modèle !
Mais aussi comme il sera récompensé par le sentiment du devoir
accompli et par la reconnaissance de ses maîtres !

XV

Le fidèle Baptiste

La ferme de M. Darbois était en pleine prospérité. On venait de rentrer les récoltes et les granges se trouvaient pleines.

La moisson terminée, les fermiers reçurent une invitation pour une fête de famille aux environs.

Ils avaient hésité un moment à accepter, à cause de leur petit Albert, qui était trop jeune pour les accompagner. Mais, M. Darbois, voyant le désir qu'avait son fils aîné d'aller à cette réunion, dit à sa femme :

— Il me semble que nous pouvons laisser Albert à la garde de notre fidèle Baptiste.

— C'est vrai qu'avec lui il n'y a rien à craindre, c'est un homme si prudent.

— Et si dévoué.

Ils partirent. Albert pleura d'abord en voyant s'éloigner ses parents ; mais Baptiste lui raconta une amusante histoire qui sécha bien vite ses larmes.

Bientôt l'enfant rit de si bon cœur que le temps passa vite. Quand vint l'heure d'aller au lit, Albert ne voulait plus quitter Baptiste et prétendait ne pas se laisser coucher par Françoise.

Le patient serviteur se prêta de bonne grâce à la fantaisie du petit garçon. Il lui chanta une vieille complainte et ne le quitta que lorsqu'il le vit complètement endormi.

Une heure après, tout reposait dans la ferme.

Soudain, au milieu du silence de la nuit, un cri sinistre se fait entendre :

« Au feu !!! »

En un instant, tous les serviteurs sont sur pieds et, à demi vêtus se précipitent dehors.

Horreur ! C'est l'habitation qui brûle !... Et les maîtres ne sont pas là !... Vite, il faut agir !...

Pendant que les hommes d'écurie songent à sauver les bestiaux qu'ils ont peine à faire sortir de l'étable, Baptiste pense à Albert.

D'un bond, il arrive à l'escalier. Comment le gravir, au milieu des tourbillons d'une fumée aveuglante ?

Il n'hésite pas, cependant. Plutôt mourir que d'abandonner le cher dépôt qui lui a été confié !

A force de courage et d'énergie, le dévoué serviteur parvient jusqu'à l'enfant, le prend dans ses bras et s'élance à nouveau dans l'escalier, que les flammes ont déjà envahi.

Rien ne l'arrête, pas même la chaleur affreuse des marches, qui blessent ses pieds nus...

Enfin, le voilà dans la cour avec son précieux fardeau.

— Il est mort ! s'écrie Françoise en levant les bras au ciel.

— Non ! Non ! seulement évanoui, dit le sauveteur. Vite, il faut le frictionner !...

Et, sans souci de ses douloureuses brûlures, il aide Françoise à rappeler à lui le petit asphyxié.

Quand M. et Mme Darbois revinrent, ils félicitèrent tous les serviteurs de leur dévouement à leurs intérêts ; mais ce fut avec des larmes d'attendrissement et de reconnaissance qu'ils remercièrent Baptiste, le brave Baptiste, qui n'avait pas craint d'exposer sa vie pour sauver leur enfant.

« Les bons maîtres souvent font les bons serviteurs. »

Le dévouement de ce brave Baptiste qui, sans songer à lui, se jette dans la fournaise pour sauver l'enfant de ses maîtres, est le plus bel exemple de fraternité que puisse donner un citoyen.

A.-P. DE LAMARCHE.

Tableau n° 5
MAITRES ET SERVITEURS
C.
Le
Nouveau
Patron

C. — PARTICIPATION AUX BÉNÉFICES.

— Mes amis, les affaires ont bien marché, voici le résultat de l'inventaire.

XVI

Le nouveau Patron

Une usine, établie déjà depuis quelque temps, n'était pas prospère.

Il faut dire que son directeur s'en occupait bien peu. Toujours à la chasse, en voyage pour son plaisir, il laissait reposer le fonctionnement sur ses ouvriers.

Ceux-ci, accablés de besogne, ne recueillaient qu'un maigre salaire. Leur travail fait sans goût, sans direction, devint fatalement infructueux ; et l'on finit par vendre l'établissement.

M. Moreau en devint l'acquéreur.

C'était un homme juste, bon, intelligent autant que travailleur. Mais sa petite taille et son air doux n'étaient pas imposants.

Son arrivée dans le pays avait été assez mal accueillie. Aux yeux des habitants, il représentait l'étranger, c'est-à-dire l'inconnu redouté.

On devait revenir de cette opinion.

M. Moreau commença par mettre tout en état ; puis il fit savoir que le travail allait reprendre dans d'autres conditions.

Chez lui, tous les ouvriers seraient intéressés au succès de l'entreprise, en participant aux bénéfices, chacun selon l'importance et la valeur de son travail. Devenant ainsi en quelque sorte les associés du patron, ils auraient un même but : la réussite de l'œuvre. On ne craindrait plus de fournir des efforts dont on saurait recueillir le fruit.

Ce projet ne trouva d'abord que des sourires incrédules.

— C'est trop beau pour être vrai ! disait l'un.

— Jamais on n'aurait vu chose pareille, reprenait l'autre.

— Et puis, comment les connaîtra-t-on, ses bénéfices?

— Bien sûr, on n'en verra rien venir.

— Enfin, nous ne courons toujours pas grand risque, fit remarquer un des mieux avisés, puisque nous aurons quand même notre paye comme auparavant.

Le travail reprit. On fut étonné de trouver, sous l'apparente douceur du maître, une direction ferme, et son prestige augmenta. La confiance vint.

Un jour que le patron faisait sa tournée habituelle dans les ateliers, il vit les travailleurs si animés à la besogne qu'il s'écria :

— C'est bien, mes amis, continuez, à la fin de l'année nous aurons de bons résultats.

On doutait encore un peu, mais malgré tout, cet espoir donnait du courage et excitait à une plus grande ardeur.

Ce fut autre chose au moment de l'inventaire! M. Moreau convoqua les contremaîtres et leur dit :

— Mes amis, les affaires ont très bien marché, voici le résultat de l'inventaire. Sur cette note sont indiqués le montant des bénéfices nets, la part qui revient à chaque atelier, et le détail pour chaque homme. Je vous charge de leur en donner connaissance.

Les contremaîtres ouvraient de grands yeux, hésitant à croire ce qu'ils entendaient. Mais bientôt, tout émus devant la réalité, ils remercièrent avec gratitude le brave industriel, et s'empressèrent d'aller répandre la nouvelle dans l'usine.

Tous les ouvriers, remplis de joie et de reconnaissance, firent une ovation à leur cher patron en criant d'une même voix enthousiaste : « Vive M. Moreau ! »

« La vertu se récompense elle-même ; elle n'a en vue aucun salaire : la récompense d'une bonne action est de l'avoir faite. »

SÉNÈQUE.

Tableau n° 5

MAITRES ET SERVITEURS

D.

L'Accident
de
Julie

D. — RÉCIPROCITÉ DES SOINS.

— Quand l'un ou l'autre nous avons été malade, dit Mme Bertrand, vous nous avez témoigné le plus grand dévouement ; aujourd'hui notre tour est venu et, grâce à nos soins, vous serez bientôt rétablie.

XVII

L'accident de Julie

Mᵐᵉ Bertrand a la même domestique depuis plusieurs années. C'est cette bonne Julie qui l'a aidée à élever sa petite Jeanne ; aussi fait-elle un peu partie de la famille.

Dernièrement, Julie a eu un accident. Elle a glissé dans l'escalier et, en tombant, s'est foulé le pied et cassé le bras.

Au bruit de cette chute, Mᵐᵉ Bertrand s'est précipitée pour relever la brave fille qui gémissait de douleur. Aidée du concierge, elle la remonta dans sa chambre et fit appeler un médecin au plus vite.

Le docteur donna les soins nécessaires à la blessée, et prescrivit une immobilité complète.

Lorsque les plus violentes douleurs furent apaisées, Julie commença à se désoler de la peine que son état imposait à sa maîtresse.

— Calmez-vous, Julie, lui répondit Mᵐᵉ Bertrand. Si vous vous agitez de la sorte, la fièvre vous reprendra

— Mais quand je pense que je vais manquer à Madame pendant si longtemps, et lui occasionner tant de fatigue, j'en pleurerais bien !

— Hélas ! ma pauvre Julie, cela n'avancerait guère ! Que voulez-vous, ce n'est pas votre faute ! Et puis, n'avez-vous pas pris souvent du mal pour moi ?

— Pour moi aussi, dit Jeanne, qui accompagnait sa maman. Te souviens-tu, Julie, quand j'ai eu la rougeole, comme tu m'as bien soignée ! Tu n'as pas eu peur de gagner ma maladie.

— Oh ! mais moi ce n'est pas la même chose !

— Dans la vie, reprit la dame, ne se doit-on pas des égards réciproques, et l'aide dans les mauvais jours? Voyons, Julie, vous allez prendre le potage que le médecin m'a permis de vous apporter. Je vais vous le faire boire.

— J'en suis toute confuse. Il est vrai que je ne puis me servir de mon pauvre bras droit tout emmailloté. Comment remercierai-je Madame?

— En étant bien raisonnable, et en évitant de vous tracasser ainsi.

— Tiens, Julie, dit Jeanne, papa m'a donné des biscuits, en voici deux, tu verras, ils sont délicieux.

— Chère petite demoiselle ! fit la servante attendrie, qu'ils sont heureux dans leurs peines, les domestiques qui ont de si bons maîtres !

Les soins prévenants et dévoués de Mme Bertrand se continuèrent jusqu'au complet rétablissement de la brave fille, sans la moindre impatience, ni mauvaise humeur. Et pourtant, ce rôle de garde-malade était souvent dur, car il obligeait à monter plusieurs fois par jour au sixième étage, sans parler de la besogne habituelle qui se trouvait bien augmentée.

Lorsque Julie fut remise sur pieds, combien son zèle et son attachement redoublèrent! Elle voulait à tout prix prouver sa reconnaissance à celle qui avait su joindre, à ses obligeants offices, tant de bienveillance et d'aménité.

> Justice et charité, que ces noms resplendissent
> Parmi ceux qui le plus à nos yeux nous grandissent!
> Aux moindres actions, comme aux moindres discours,
> Que la bonté préside et préside toujours.

PAILLOT DE PLOMBIÈRES.

Tableau n° 6
LE BON ÉCOLIER

DE L'INSTRUCTION NAÎT LA GRANDEUR
DES NATIONS

L'Ecolier

studieux

De l'Instruction naît la grandeur des nations.

L'ÉCOLIER STUDIEUX.

En se montrant studieux, l'écolier se rend service à lui-même et il s'assure les moyens d'augmenter son bien-être. Puis il se rend utile à son pays, dont plus tard il rehaussera la gloire par ses travaux ou ses découvertes.

XVIII

L'écolier studieux

On approchait du moment de la distribution des prix, et Marcel, en bon écolier, comptait en avoir sa part. Ce qui le désolait, c'est que son frère Étienne, de deux ans moins âgé que lui, n'avait pas assez travaillé et ne pouvait espérer recueillir aucune récompense.

Pourtant Marcel ne se privait pas de donner de bons conseils à son cadet.

D'ailleurs, on ne pouvait pas dire qu'Étienne fût un mauvais garçon, ni même un vrai paresseux; mais il était trop bavard, distrait, étourdi. Il recevait bien les avis de son aîné mais oubliait de les mettre en pratique.

Un jour, il demanda à Marcel :

— Qu'est-ce que c'est que le tableau qu'on vient de placer dans notre classe? Tu sais bien, la grande dame drapée qui pose des couronnes sur la tête des petits garçons et des petites filles.

— C'est la France républicaine qui récompense tous les bons écoliers.

— Alors, elle va venir te couronner aux prix?

Marcel éclata de rire, et dit :

— Pas en personne, bien sûr, tu ne t'imagines pas cela?

— Si ce n'était pas vrai, on ne l'aurait pas placée comme exemple dans l'école.

— Ce n'est pas une réalité, mais une allégorie.

— Qu'entends-tu par là?

— Je le comprends bien, mais je ne saurais pas exactement
te l'expliquer, il faudra le demander à papa.

Le père, interrogé, répondit :

— Une allégorie, c'est l'image visible d'une chose invisible.
Ainsi, mon étourdi d'Étienne, tu as déjà vu représenter la
Guerre par une femme couverte d'un casque et d'une cuirasse ;
la *Mort*, par un squelette armé d'une faux ; la *Gloire*, par une
figure couronnée de lauriers. Tout cela ce sont des choses ou
des idées auxquelles on donne un corps symbolique pour les
rendre plus sensibles à l'esprit.

— Je comprends, je comprends, dit l'enfant.

— L'image dont tu parles, montre d'une façon allégorique
que la France est heureuse d'honorer tous ceux qui, dès l'enfance, travaillent à la glorifier.

— En quoi un écolier glorifie-t-il son pays?

— De l'instruction naît la grandeur des nations. En s'instruisant, l'écolier acquiert des connaissances qui, développées dans
l'avenir, pourront amener des découvertes ou des applications
scientifiques capables de rehausser l'éclat de la Patrie. Voyez,
comme exemple, le grand Louis Pasteur : fils d'un simple pharmacien, il a travaillé dès son enfance et pendant toute sa vie
à étendre son savoir. Son nom devint justement célèbre dans le
monde entier, appelé à profiter de ses nombreux travaux hu-
manitaires. Croyez-vous, mes chers amis, que la France ne peut
pas être fière de compter parmi ses enfants ce bon écolier
d'autrefois?

— Oh! si, si, s'écria Étienne, et vous verrez qu'à partir d'aujourd'hui je vais m'appliquer à devenir un élève aussi studieux
que Marcel.

Maintenant je vais à l'école ;
J'apprends chaque jour ma leçon ;
Le sac qui pend à mon épaule
Dit que je suis un grand garçon.

Quand le maître parle, j'écoute
Et je retiens ce qu'il me dit ;
Il est content de moi, sans doute,
Car je vois bien qu'il me sourit.

CAUMONT,

Tableau n° 7. — LES BONS CAMARADES

AIME TES CAMARADES, TU EN SERAS AIMÉ

A. — L'OBLIGEANCE.

Trompée par le ciel bleu, Marthe a négligé de prendre un parapluie. Le soir, à la sortie de la classe, il neige. Heureusement, la
prévoyante Lucie est là, qui offre à son amie Marthe l'abri de son
grand parapluie.

XIX

L'obligeance de Lucie

Marthe et Lucie, les deux amies, habitent un petit hameau, et elles ont un long chemin à parcourir pour se rendre à l'école du village.

En été, c'est un vrai plaisir que cette promenade obligatoire. On s'attend pour partir ensemble; et, tout en marchant, on babille gaiement.

L'hiver, c'est plus rude, les petites filles s'enveloppent dans leurs manteaux et tâchent de protéger leurs pauvres mains contre le froid; car la route est découverte et le vent y souffle avec violence. Mais le poêle bien chaud de l'école ranimera bientôt leurs membres engourdis.

Un jour, le temps était très clair au départ, les deux amies se réunirent comme de coutume.

— Tiens, Lucie, tu as pris un parapluie?

— Oui, papa dit que le temps pourrait bien changer.

C'était un vaste parapluie, aux fortes baleines, recouvert d'une grosse étoffe de cotonnade bleue, le tout assez pesant.

— Oh! moi, fit Marthe avec assurance, je crois qu'il fera beau, et je serais bien désolée de me charger d'un pareil poids pour rien.

— On ne peut pas savoir comment cela tournera, d'ici ce soir.

La classe se passe sans incident. Pourtant, à plusieurs reprises, Marthe jeta des regards inquiets vers la fenêtre aux vitres dépolies. Le ciel, en effet, s'obscurcissait et prenait une teinte jaune opaque.

Quand sonna l'heure du départ et que les élèves se trouvèrent dehors, ce fut un concert d'exclamations : il neigeait à gros flocons et la terre était déjà toute blanche.

— Ah ! quel ennui ! dit Marthe, je n'ai rien pour m'abriter.

— Mon parapluie est assez grand pour deux, répondit Lucie avec empressement.

— Oh ! comme tu es gentille !

— N'en ferais-tu pas autant à ma place ?

— Tu sais bien que si.

Et les deux amies, serrées l'une contre l'autre, se mirent en marche ; mais bientôt elles durent réunir leurs efforts pour soutenir l'abri contre les violences du vent.

A mesure qu'elles avançaient, la neige devenait plus épaisse, et elles avaient grand'peine à en sortir.

Enfin, on commença à apercevoir les maisons. La première était celle de Lucie.

Marthe demeurait à l'autre extrémité du hameau.

— Rentre, Lucie, je te remercie.

— Et toi ?

— Aide-moi à rabattre mon capuchon sur mon béret.

— Tu crois que je vais t'abandonner ainsi ? Non, non, je te conduis jusqu'à ta porte.

— Je ne veux pas, c'est trop loin, tu aurais trop de mal pour revenir.

— Un peu plus, un peu moins, cela ne fait rien.

Elles se remirent en route et finirent par arriver sans encombre à destination. Marthe et sa mère remercièrent l'obligeante Lucie et voulurent la faire entrer pour se réchauffer.

— Merci, dit-elle, je retourne bien vite pour que maman ne soit pas inquiète.

Elles vont la main dans la main,
On ne les voit jamais qu'ensemble ;
Sans que l'une à l'autre ressemble,
Toujours dans le même chemin,
Elles vont la main dans la main.

V. DE LAPRADE.

(Le livre d'un père. — Hetzel et Cie, édit.)

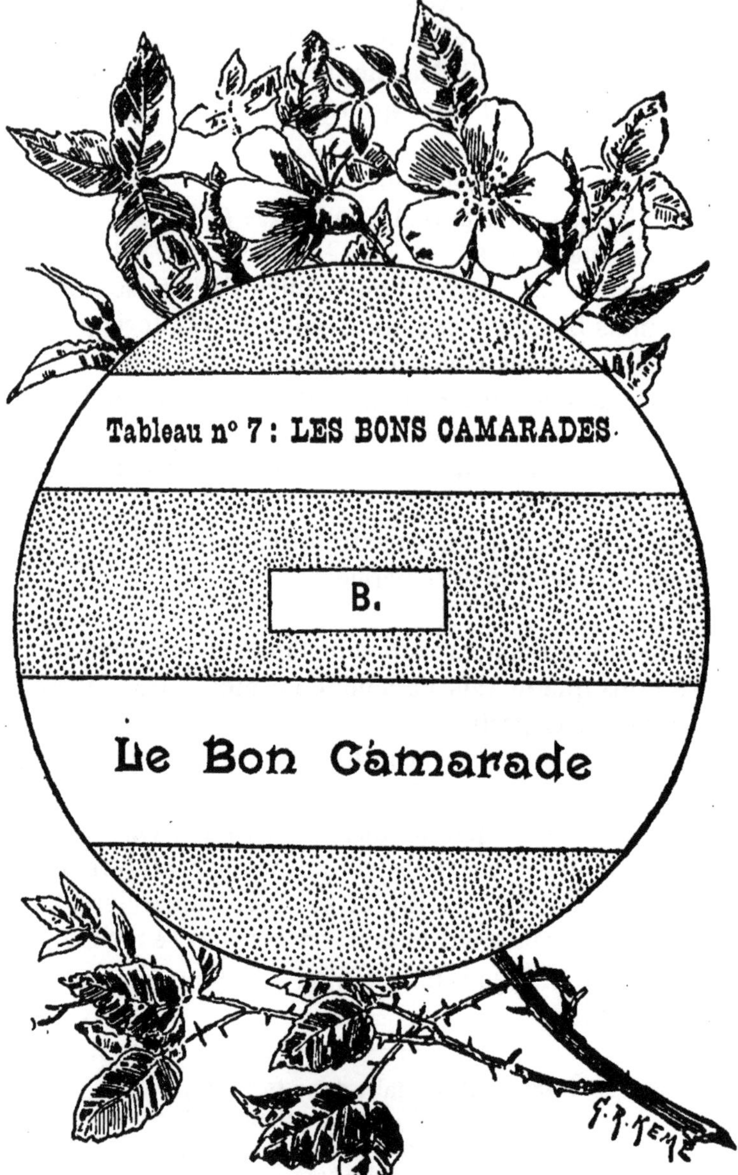

Tableau n° 7 : LES BONS CAMARADES.
B.
Le Bon Camarade

B. — L'ASSISTANCE.

Raymond et Maurice jouaient ensemble, et Maurice s'est blessé en tombant. Mais Raymond s'empresse, le soigne et, sachant qu'il faut s'entr'aider, porte jusque chez lui son pauvre petit camarade.

XX

Le bon Camarade

Lorsque viennent les vacances, le grand bonheur de Raymond est de s'ébattre en liberté dans la campagne qui entoure la demeure de ses parents.

Tantôt il suppose qu'il se trouve dans un immense parc, ou bien dans une forêt vierge, ou encore dans le désert : son imagination lui fait voir ce qui est nécessaire au jeu qu'il médite.

Souvent un voisin, bien plus jeune que lui, le petit Maurice, vient le retrouver, et tous deux organisent alors une partie.

Une fois, on décide un voyage en Afrique : Raymond est l'explorateur, Maurice un roi nègre, et le buisson représente le village sauvage.

Une autre fois, on se transporte en idée chez les Peaux-Rouges : Raymond prend le nom ronflant d'Œil-de-Faucon, tandis que Maurice est le Bison-brun, etc., etc.

Un jour, il fut convenu qu'on se croirait aux Indes, et qu'on allait préparer une chasse au tigre. L'aîné serait le chasseur, et Maurice remplacerait la bête féroce.

On commence, on se poursuit à travers bien des détours. Le tigre emploie mille ruses pour échapper à l'ennemi.

Pourtant, le chasseur va l'atteindre.

Le soi-disant animal traqué aperçoit tout à coup une grande échelle dressée contre un arbre : c'est son affaire !

Il grimpe, tout en jetant un regard de triomphe sur celui qui le guette, et à qui son rôle de chasseur ne permet pas une pareille escalade.

Hélas! dans l'ardeur du jeu, Maurice met un pied à faux et s'abat lourdement sur le sol.

Raymond est terrifié. Il s'élance vers son petit camarade, le relève tout en sang.

— Où as-tu mal, dis-moi?

— Je ne sais pas, Raymond ; je crois que je n'ai rien de cassé, mais ma tête me fait mal.

— C'est le choc, sans doute.

Et Raymond va vers la pièce d'eau, y trempe son mouchoir, lave le front de Maurice où s'étale une plaie, le lui bande et ajoute avec sollicitude :

— Je vais te reporter chez toi.

Mais l'enfant qui s'abandonne est trop lourd pour les bras cependant vaillants de Raymond.

— Si je te prenais sur mon dos ?

Et il le hisse sur ses épaules.

De cette façon, le bon camarade put, non sans peiner sous le fardeau, atteindre la demeure du petit blessé, que l'on soigna ainsi sans retard.

Le lendemain, le pauvre tigre ne gardait de sa chute qu'une grande lassitude. Il portait bien encore un bandeau ; mais il disait, en plaisantant, à Raymond, qui était venu prendre de ses nouvelles :

« C'est ma mauvaise tête qui a voulu se briser, et qui n'a pas pu ! »

Il remercia aussi, vivement, son cher camarade de l'assistance qu'il lui avait apportée. Et tous deux n'en devinrent que meilleurs amis par la suite.

« Vivre en soi, ce n'est rien : il faut vivre en autrui.
A qui puis-je être utile, agréable aujourd'hui ? »
Voilà, chaque matin, ce qu'il faudrait se dire ;
Et le soir, quand des cieux la clarté se retire,
Heureux à qui son cœur tout bas a répondu :
« Ce jour qui va finir, je ne l'ai pas perdu ;
Grâce à mes soins, j'ai vu, sur une face humaine,
La trace d'un plaisir ou l'oubli d'une peine. »

ANDRIEUX.

Tableau n° 7

LES BONS CAMARADES

❀ ❀ ❀

C.

La Compassion
d'Alfred

C. — LA DÉFENSE DES FAIBLES.

Alfred a raison de reprocher à Frédéric de battre le petit Claude.
C'est toujours un tort de se battre, mais c'est une lâcheté de frap-
per un camarade plus faible que soi.

XXI

La Compassion d'Alfred

Alfred ne peut voir souffrir sans être ému de la douleur d'autrui et sans chercher à l'amoindrir. En un mot, il est compatissant.

Il a si bien pris l'habitude de défendre les faibles que plusieurs de ses compagnons l'ont surnommé *Le chevalier Bayard*.

Un jour, le jeune garçon venait d'avoir douze ans, et il s'avançait sur la route en chantonnant, lorsqu'il entendit des cris et des pleurs.

Il se dirigea du côté d'où partaient ces sanglots, et aperçut un de ses camarades, Frédéric, qui frappait de toutes ses forces un enfant plus jeune que lui. En deux bonds, il fut auprès des combattants.

Il eut vite fait de les séparer.

Prenant le petit Claude sous sa protection, il écarta avec fermeté Frédéric dont les sourcils étaient froncés et les poings menaçants.

— C'est honteux ce que tu fais là ! s'écria Alfred avec véhémence.

— Pourquoi te mêles-tu de mes affaires ? répondit Frédéric. On a bien le droit de se battre.

— Ça n'a jamais rien prouvé, et au moins faudrait-il être de force égale. C'est lâche de s'attaquer à moins fort que soi.

— Je n'ai pas besoin de tes conseils, et je le battrai encore si j'en ai l'envie.

— Que dirais-tu si, à mon tour, je te donnais des coups ?

— Voyez-vous ça, le chevalier Bayard qui prend son rôle au sérieux, reprit d'un air fanfaron le méchant bonhomme.

Mais Alfred dédaigna de répondre et demanda à Claude qui sanglotait toujours :

— Qu'y a-t-il, voyons, et pourquoi cet affreux Frédéric te frappait-il de la sorte ?

— Parce que... parce que... il tracassait un chien blessé. J'ai voulu l'en empêcher ; alors il m'a dit :

« — J'ai trouvé cette bête, elle est à moi.

« Et il l'a jetée dans la mare malgré mes prières. Je l'ai appelé : vilain bourreau !

« Là-dessus, il m'a cogné partout, même sur la tête. »

Frédéric essayait de se défendre en répétant :

— Ce n'est pas vrai ! Ce n'est pas vrai !

Alfred lui imposa silence, et, le saisissant par les poignets, il le secoua violemment.

— Alors tu as maltraité ce pauvre Claude parce qu'il était meilleur que toi, dit-il. Sache que si tu lèves encore la main sur un petit, tu auras affaire à moi ; et il ne se trouvera personne pour prendre ton parti.

Frédéric s'éloigna, la tête basse, et Alfred emmena Claude avec lui pour le consoler.

Soyons bons, nous serons aimés.
C'est dans votre intérêt que je vous le répète :
Si vous faites du mal, chacun vous en fera ;
Si vous faites du bien, chacun vous le rendra.
Il faut traiter autrui comme on veut qu'il nous traite.

MOREL DE VINDÉ.

Tableau n° 7
LES BONS CAMARADES
D.
Le Conte Arabe

D. — LE PARTAGE.

Roger s'est convaincu que l'égoïsme était un défaut et que rien ne rendait joyeux comme de faire le bien. Aussi, partage-t-il avec ses amis les oranges qu'on lui a données.

XXII

Le Conte arabe

L'instituteur avait remarqué que, parmi ses élèves, certains prenaient la singulière manie d'apporter des friandises à l'école et de les manger seuls, en jouissant des regards de convoitise de leurs camarades.

Un jour, par manière de récréation, il lut ce petit conte arabe :

« Il était une fois un marchand, nommé Ali, qui avait trois fils. Il arriva que, par aventure, Ali rendit un modique service au grand vizir. Ce dignitaire, pour le remercier, lui fit présent de trois corbeilles pleines de fruits rares en disant :

— « C'est pour tes fils, laisse-les agir comme ils l'entendront et, quand les paniers seront vides, tu viendras me rendre compte de leur conduite.

« Le marchand remercia avec respect et s'éloigna.

« Les trois enfants furent ravis du cadeau.

« L'aîné dévora sa part à lui seul dans la même journée, si bien qu'il fut malade et pensa mourir.

« Le second, instruit par cet exemple se dit :

« — Je serai plus sage et ne mangerai qu'un fruit par jour. »

« Or, il arriva qu'au bout de peu de temps le contenu du panier était gâté et qu'on dut le jeter.

« Quant au troisième, après avoir admiré les fruits et respiré leur parfum, il en offrit à son père, à sa mère et à ses camarades, ne réservant pour lui qu'une petite portion.

« Le vizir informé par Ali dit :

« — Ton fils aîné a prouvé qu'il était imprudent et gourmand, le second qu'il était avare et égoïste. Tous deux ne trouveront qu'indifférence et mépris. Mohammed seul a montré la générosité de son cœur et a joui noblement de ma libéralité. Je t'annonce qu'on l'aimera, car il est bon, et qu'il trouvera de l'aide en cas de besoin. Porte-lui ce collier d'or comme marque de ma satisfaction. »

Lorsque le récit fut terminé, on vit plusieurs têtes se pencher, honteuses, parmi lesquelles celle de Roger. Le petit garçon conservait le souvenir de certain sac de bonbons qu'il avait vidé à lui seul, et de l'indigestion qui avait suivi. Il se rappelait aussi... Mais il chassa toutes ces vilaines images et se dit :

« A l'avenir, je ferai comme Mohammed. »

Quelques jours après, ces belles résolutions devaient être mises à l'épreuve.

Un oncle, voyageant en Algérie, envoya aux parents de Roger une caisse d'oranges. Son père lui en donna quelques-unes. L'enfant allait, selon son habitude, les manger l'une après l'autre, quand le conte oriental lui revint en mémoire et il pensa :

« Je vais en conserver pour mes amis Pierre et Marcel, en voilà deux petites qui feront bien l'affaire. »

A ce moment, sa mère lui dit :

— Viens donc, nous allons choisir les plus belles oranges pour les offrir à ta grand'mère.

— Pourquoi les plus belles ?

— Parce que c'est toujours ce qu'on a de mieux qu'il faut donner.

Roger réfléchit à ce qu'il devait faire de son côté ; et lorsqu'il rencontra ses amis, c'est avec un sourire heureux qu'il leur tendit deux oranges bien jaunes et bien lourdes. Sa joie redoubla en voyant le plaisir qu'il causait à ses camarades.

Trois enfants, trois amis, s'en allaient à leur classe.
« Si je travaille bien, mon père m'a promis,
Dit l'un, un louis d'or. » Le second des amis
Dit : « Je travaillerai pour que maman m'embrasse. »
Le dernier soupira : « Pour moi je n'aurai rien,
Car je suis orphelin, je n'ai père ni mère ;
Mais je m'efforcerai cependant de bien faire. »
Il faut faire le bien parce que c'est le bien.

Louis Ratisbonne.

(*La Comédie enfantine.* — Hetzel, édit.)

Tableau nº 8

LE PATRIOTISME. — LE DRAPEAU

NOUS DEVONS DÉFENDRE NOTRE PATRIE COMME NOUS DÉFENDRIONS NOTRE MÈRE

LE DRAPEAU.

Le drapeau, c'est l'emblème de la patrie ; c'est une honte pour une armée que de le perdre, et pour le défendre tout vrai soldat doit faire le sacrifice de sa vie.

XXIII

Le Drapeau

M. Cazal se promenait avec son fils Émile. L'enfant s'écria tout à coup :

— Tiens, des soldats! Courons les voir, veux-tu, papa ?

On se hâte et l'on arrive assez tôt pour voir défiler le régiment.

Lorsque le drapeau passa, le père se découvrit respectueusement et retira le béret d'Émile.

— On salue le drapeau, pourquoi ? demanda le petit garçon.

— Parce que c'est l'emblème de la patrie.

— L'emblème ? Je ne comprends pas.

— Cela veut dire que le drapeau représente la patrie. Sous ses plis les soldats se battent, et ils se font tuer plutôt que de le laisser prendre par l'ennemi. Sur l'étoffe de l'étendard français, on lit les mots « Honneur et Patrie », qui sont sa devise.

— Alors chaque pays doit avoir le sien ?

— Certes! et il l'aime comme nous aimons le nôt . C'est un haut fait d'armes que la capture d'un étendard ennemi, et un grand honneur pour un officier d'être choisi comme porte-drapeau.

— Et à la guerre, quand il est tué ?

— Un autre le remplace immédiatement. Il ne manque pas de braves pour prendre cette place périlleuse... Mais, au fait, tu ignores donc comment ton oncle Georges a gagné sa décoration ?

— Je ne l'ai jamais su.

— C'était pendant la guerre de 1870. Au milieu d'un combat, Georges aperçoit le porte-drapeau qui tombe frappé à mort. Il s'élance vers lui, mais déjà un ennemi a touché l'objet sacré.

Il est sur le point de s'en emparer. Ton oncle et lui engagent une lutte corps à corps. Le Prussien succombe ; mais Georges, blessé à son tour, va s'affaisser, en pressant dans ses bras la hampe et l'étoffe noircies par la poudre. Un cuirassier est là juste à point pour sauver l'un et l'autre. Georges est transporté à l'ambulance. Sa vie longtemps en danger finit par être épargnée : sa plaie s'était fermée sous l'étoile des braves.

— Oh ! c'est beau ! dit Émile impressionné.

Et il demanda :

— Les marins ont-ils aussi un drapeau ?

— Oui, chaque navire a le sien qu'on appelle *pavillon*. C'est même, à bord, l'occasion d'une cérémonie qui se renouvelle deux fois par jour. Le matin, la garde est assemblée sur le pont, on tire un coup de feu et les couleurs sont hissées au milieu d'un profond silence, pendant que l'équipage se découvre. À la nuit tombante, c'est avec la même solennité qu'on abaisse le pavillon.

— Comme ça doit être imposant !

— Très grandiose, en effet. Cela rappelle aux marins la patrie absente dont leur vaisseau représente une parcelle. Le drapeau tricolore flotte aussi sur nos monuments publics et, à l'étranger, sur nos ambassades et nos consulats. Quand nos yeux l'aperçoivent, nous éprouvons le même plaisir qu'à rencontrer un compatriote.

- -

Plus tard, Frantz, la Patrie est un chiffon de soie
Qui déploie au soleil trois brillantes couleurs !
C'est le nom du pays c'est l'honneur de ses armes ;
C'est le devoir sacré d'accourir à son rang,
Sitôt que le clairon lance le cri d'alarmes,
Et, sans songer aux siens, de donner tout son sang,
Pour qu'on puisse ajouter une ligne à l'histoire !
C'est le terrain conquis qu'ombrage le drapeau ;
C'est ce je ne sais quoi qu'on appelle la Gloire,
Et qui fait que la vie est simplement... la peau !...

EDOUARD SIEBECKER.

(Poésies d'un vaincu. — Berger-Levrault, édit.)

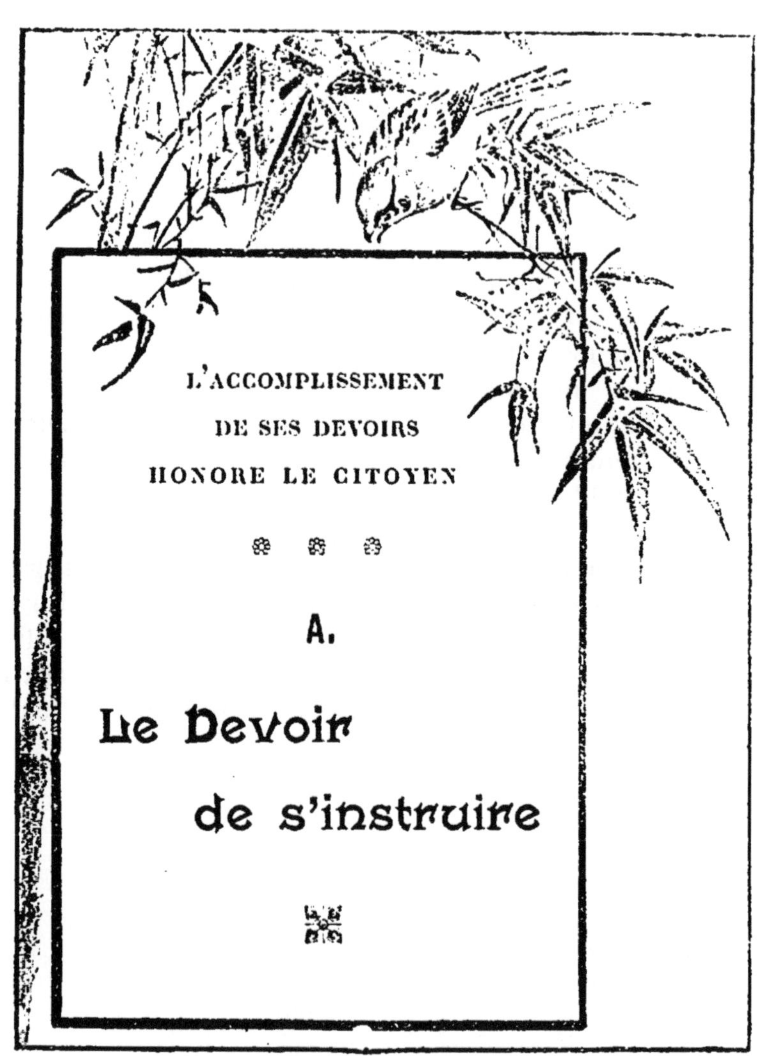

L'ACCOMPLISSEMENT
DE SES DEVOIRS
HONORE LE CITOYEN

A.

Le Devoir
de s'instruire

A. — LE DEVOIR DE S'INSTRUIRE.

Le bon citoyen doit obéissance à la loi ; dès son jeune âge il doit lui obéir en s'instruisant. C'est à l'école que l'on apprend la pratique de tous les devoirs.

XXIV

A quoi cela sert

— Est-ce vrai, Monsieur, que tout le monde est forcé de s'instruire ? demandait le jeune Abel à son instituteur.

— Absolument vrai, répondit M. Dumet. Une loi a décrété l'instruction obligatoire, et vous savez qu'on ne peut désobéir à aucune loi.

— Pourtant, moi, dit un autre élève, si je ne voulais pas apprendre, je ne serais pas recherché par les gendarmes comme si j'avais volé.

— Sans doute, mon ami, mais vous seriez vous-même la première victime de cette faute. Rappelez-vous une des histoires de votre livre : *Mes deuxièmes Lectures* [1], qui a pour titre : « Les mauvaises raisons du père Ravaud. »

— Oui ! oui ! s'écria-t-on en chœur.

— Voyons, vous, Charles, qui raisonnez si bien, pourriez-vous nous la dire ?

— Voilà, Monsieur :

« Le père Ravaud était un honnête cultivateur, qui se vantait lui-même de ne savoir ni *a* ni *b* et ajoutait que « cela ne l'empêchait pas d'avoir fait ses affaires et d'avoir dans sa poche de beaux écus sonnants ».

La mère Gridaine, qui l'entendait, n'était pas de son avis et lui répondait que l'instruction est bien nécessaire.

— Passe encore pour la ville, répliquait le campagnard, mais, nous autres paysans, nous n'avons pas besoin d'être si savants.

Et il racontait qu'on lui avait offert sept cents francs de son

---

[1] Par Chalamet. — A. Picard et Kaan, éditeurs.

cheval et que ce n'était pas parce qu'il ignorait l'alphabet qu'il ne saurait en avoir davantage.

Comme ils discutaient encore, le facteur remet une lettre au père Ravaud.

Qui peut lui écrire ?

Le bonhomme est bien embarrassé, il se voit forcé d'avoir recours à la mère Gridaine pour connaître le contenu de la fameuse lettre.

La brave femme lui en fait la lecture.

C'est un propriétaire qui voudrait acheter le cheval du père Ravaud et s'informe quand il pourra le lui conduire à voir. Il a besoin d'être prévenu afin d'être chez lui ce jour-là.

Le villageois est à nouveau fort empêché d'agir. Comment répondre ?

Heureusement que la mère Gridaine sait tenir une plume. Elle consent à servir de secrétaire à l'ignorant. Pour la peine elle ne lui demande que d'avouer une bonne fois qu'il est, de nos jours, indispensable de savoir lire et écrire. »

— C'est bien cela ! approuva M. Dumet. Cet exemple vous montre, d'une façon bien sensible, la nécessité de s'instruire. J'ajouterai que c'est un devoir pour qui veut devenir un bon citoyen, et connaître exactement, dit-il en montrant la *Déclaration des Droits de l'homme*, ses droits et ses obligations. Comment les apprendrait-on si on ne savait pas lire ?...

Dans la chaude maison tout est bonheur et paix.
On sommeille à demi, les enfants sont muets,
Quand le père à l'aîné dit : « Petit, c'est dimanche :
Si tu prenais un livre et si tu nous lisais ! »
Et l'enfant de huit ans commence la lecture.
Sa voix parle de Dieu, du ciel, de la nature.
Il attendrit sa mère, et voit dans tous les yeux
Une larme d'orgueil éclairant un sourire.
Si petit, comme il cause ! On l'écoute, on l'admire,
Et lui, le cher enfant, se sent fier et joyeux :
Il enseigne, il bénit, il console... il sait lire.

Foucher.

Tableau n° 9
LES DEVOIRS DU CITOYEN

B.

Le Service
Militaire

B. — LE SERVICE MILITAIRE.

La patrie, c'est le sol où l'on est né, le sol qui vous procure les moyens de vivre, c'est plus que nos parents même. L'affection pour elle doit primer les autres affections; et c'est le cœur heureux que l'on doit accomplir son devoir militaire.

XXV

Le Service militaire

Georges Darloy est l'aîné de trois enfants. Sa mère est veuve, mais grâce à son travail et à sa bonne conduite, il l'aide à élever les deux plus jeunes; car il gagne déjà de bonnes journées comme mécanicien-ajusteur.

Voici qu'il a atteint vingt ans et qu'il vient de tirer au sort. Il songe, non sans mélancolie, qu'il va lui falloir tout abandonner pour être soldat.

Mᵐᵉ Darloy s'aperçoit de la tristesse de son fils.

— Qu'as-tu, mon pauvre Georges, tu as donc peur d'être mal au régiment?

— Non, maman, je ne suis pas plus délicat qu'un autre, et tout le monde y passe.

— Alors, qu'est-ce qui te rend si songeur?

— Je pense à ceux qui restent et pour qui mon absence sera pénible.

— Tu es un brave enfant, dit Mᵐᵉ Darloy; mais, que veux-tu, un an est encore vite passé, et Léon aura bientôt terminé son apprentissage, il ne tardera pas à gagner. Ne te désole plus pour nous, dis-toi que tu vas accomplir ton devoir, et que le devoir impose souvent un certain sacrifice.

— Pourquoi va-t-il nous quitter, maman? demanda la petite Léonie.

— Pour aller servir le pays. Il apprendra à manier les armes, s'appliquera à devenir un bon soldat, toujours prêt à défendre le sol natal en cas de danger.

— C'est vraiment un beau rôle, repartit Georges tout réconforté.

— Oui, fit Léon, dont les yeux brillaient, moi aussi je serai militaire. Je voudrais déjà endosser l'uniforme.

— Oh ! toi, fit Georges, tu ne penses qu'au pantalon rouge, tu oublies les corvées, sans compter le sac et les gardes, les longues marches par tous les temps avec les gros souliers.

— C'est vrai, dit Léon d'un air réfléchi, c'est le revers de la médaille.

— Bah ! avec de la jeunesse et de la santé on en vient à bout.

— Il faut aussi faire preuve de bonne volonté et d'obéissance, appuya Mᵐᵉ Dartoy ; mais je ne crains rien sur ce point, je suis sûre que mon Georges saura satisfaire ses chefs.

— Est-ce que tu auras bientôt un grade pour commander aux autres ? demanda Léonie.

— Pas tout de suite, répliqua Georges en souriant complaisamment. Il faut du temps et de l'étude. J'espère que la théorie m'entrera vite dans la tête et que je saurai éviter les punitions.

— Je serai joliment fière, dit la petite fille, quand tu viendras nous voir avec tes galons.

L'instant de la séparation arriva pourtant. Le jour du départ, Georges fit ses adieux aux enfants dans la maison, pour éviter les larmes au dernier moment.

Sa mère seule l'accompagna à la gare. Ils s'efforçaient l'un et l'autre de dissimuler leur émotion. Mᵐᵉ Dartoy embrassa tendrement son fils, lui souhaita bon courage et lui rappela que la patrie doit passer en première ligne dans les affections.

Commander, mon enfant, est un honneur suprême ;
On ne peut l'exercer qu'après un long combat :
Nul ne sait ordonner s'il n'a servi lui-même,
Et ne sera bon chef s'il ne fut bon soldat.

Sois donc soldat... apprends la discipline austère ;
Garde un cœur patient sous l'armure du fort ;
Sache qu'il faut souffrir, se soumettre et se taire,
Debout pendant la vie et debout dans la mort.

ARTHUR TAILHAND.

Tableau n° 9
LES DEVOIRS DU CITOYEN

C.

Le Paiement
de
l'Impôt

C. — LE PAIEMENT DE L'IMPOT.

Aujourd'hui, l'impôt étant légalement établi dans l'intérêt général, il est juste qu'il soit payé par tous les citoyens en proportion de leurs ressources.

XXVI

Une juste obligation

— Papa, disait Gilbert, pourquoi parle-t-on toujours des impôts ? Qu'est-ce que c'est que cela ?

— Ce sont des sommes d'argent fixées par des lois, qu'on est forcé de payer à l'État.

— Quoi ! on est forcé ?

— Certainement, et quiconque n'acquitte pas cette obligation est poursuivi et voit son bien saisi et vendu.

— Je trouve cela très méchant. D'ailleurs on ne devrait rien payer du tout !

— Tu ne réfléchis pas, cher enfant : rien n'est plus juste que cette taxe.

— Ah ! par exemple !

— D'abord, l'argent que nous donnons d'un côté nous sert à nous-mêmes sous une autre forme. C'est pourquoi on le nomme « contributions » car nous « contribuons » en le versant à une légère partie des énormes dépenses faites annuellement pour le bien public.

— Comment cela ?

— Où donc trouverait-on les fonds nécessaires à l'entretien des rues, au balayage, à l'éclairage, à l'embellissement des jardins, etc. ? Songe aussi aux écoles gratuites, aux hôpitaux, aux prisons, aux vastes secours organisés contre l'incendie... Et je ne te cite qu'un petit nombre des charges multiples qui accablent le gouvernement ; sans compter la plus lourde de toutes : l'armée de terre et de mer, destinée à faire respecter ou à défendre l'honneur national.

— Je ne pensais pas à tout cela.

— Il y a certainement d'autres ressources, nommées *contributions indirectes* telles que les droits qui frappent les tabacs, les allumettes, les bougies, et qui ne sont ressenties que par les consommateurs. Tandis qu'on impose directement les chiens les bicyclettes, les billards, etc.

— C'est joliment drôle !

— Je trouve cela très naturel, au contraire; de même qu'il est juste que les personnes ayant des voitures payent un droit spécial, car, à la longue, ces véhicules défoncent les voies où ils passent.

— Mais alors, papa, repartit Gilbert, je vois que tout cela est parfaitement réglé, et je ne comprends pas que le père Mathurin se fasse tant tirer l'oreille pour aller chez le percepteur, en disant que l'argent qu'il porte c'est de l'argent perdu.

— Bon nombre de gens raisonnent comme le père Mathurin : ils ne veulent voir qu'une face des choses. Il est certain qu'au premier abord on n'est pas charmé de payer les sommes assez fortes qui vous sont réclamées; mais quand on considère le but, on doit être content de fournir sa part à la grande dépense commune, et satisfait d'accomplir ce devoir de brave patriote et de bon citoyen.

LA PROBITÉ DANS L'ENFANCE.

M. X... revenait de Belgique avec sa belle-mère. La brave dame avait acheté à Malines de fort belles dentelles et les avait adroitement cachées dans ses malles. Arrivés à la frontière son gendre lui dit:

« N'oubliez pas de déclarer vos dentelles... — Par exemple! il me faudrait payer des droits énormes. — Mais ces droits, vous les devez. — Je les dois! A qui? Pourquoi? — Parce qu'il y a une loi sur l'importation qui frappe d'un impôt... — Est-ce que c'est moi qui l'ai faite, cette loi? Je la trouve absurde, moi, cette loi; je la trouve inique, oppressive, ...et je ne comprends pas qu'un libéral comme vous approuve une telle tyrannie. J'y échappe : c'est mon droit. — Mais c'est de la contrebande .. et la contrebande est une fraude. — Assez, reprit la belle-mère sèchement. Vous n'avez pas la prétention, j'imagine, de m'apprendre ce que j'ai à faire. Donc, taisez-vous. »

M. X... se tut, mais, quand on en vint à l'examen des malles et que le douanier demanda aux voyageurs s'ils n'avaient rien à déclarer, mon ami, avec le calme qui lui est propre, répondit: « Oui, Monsieur, Madame a ici des dentelles qui, je crois, doivent payer à l'entrée. »

La fureur de la dame, vous vous l'imaginez. Elle ne pouvait rien dire, le douanier était là; il lui fallut ouvrir les malles, dérouler ses bandes de Malines et payer un droit qui lui parut exorbitant. Elle lançait à son gendre des regards furibonds et des imprécations sourdes, qu'il essuyait avec un flegme imperturbable.

Mais l'histoire eut un dénouement bien imprévu. La vue de l'honnêteté a un tel ascendant, même sur ceux qu'elle condamne ou irrite, que, la visite finie et les deux voyageurs restés seuls, la belle-mère de mon ami se tourna vers lui, et, après un moment de silence, lui sautait au cou : « Mon gendre, vous êtes un brave homme, il faut que je vous embrasse. »

E. LEGOUVÉ.

(Nos filles et nos fils. — Hetzel et Cie, édit.)

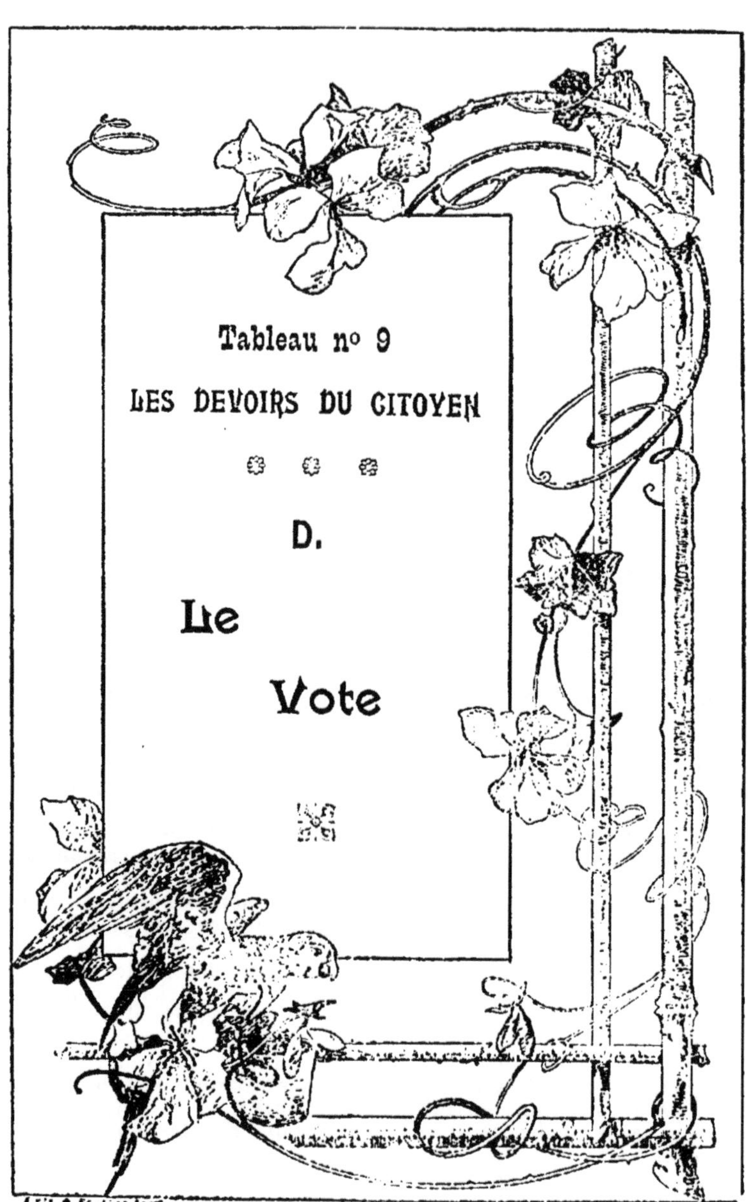Tableau nº 9
LES DEVOIRS DU CITOYEN
❀ ❀ ❀
D.
Le
Vote

D. — LE VOTE.

Voter, c'est prouver que l'on a une opinion et la volonté de la faire triompher ; c'est affirmer que l'on est un citoyen, et que, par son bulletin, l'on participe à la souveraineté nationale. Honneur au vote ! honneur au citoyen qui remplit régulièrement son devoir d'électeur !

XXVII

La voix de Guillaume

— Eh bien! Guillaume, disait le maire d'une petite commune, tu sais que c'est dimanche qu'on va élire un député, maintenant que tu as fini ton service militaire et que te voilà installé dans le pays, tu vas voter, j'espère?

— Peut-être pas encore cette fois-ci, Monsieur Bongrand.

— Pourquoi donc?

— C'est qu'il y a loin de chez moi ici, j'ai déjà fait la route exprès aujourd'hui pour payer mes contributions, et j'ai le temps de voter, on se passera bien de moi encore un coup.

— Comment, tu as le temps? On ne doit jamais remettre quand il s'agit de son devoir.

— Est-ce bien nécessaire?

— Absolument. Ignores-tu que le vote a trois caractères? Il est libre, secret et obligatoire.

— Je crois qu'on m'a appris cela à l'école.

— Tu aimes ton pays, tu ne peux pas rester indifférent à ce qui s'y passe.

— Certainement, j'aime mon pays; mais que peut lui faire une pauvre petite voix comme la mienne?

— Une voix peut suffire à déplacer la majorité.

— Je n'y avais pas encore réfléchi. Mais je peux vous dire que je ne saurais pas pour qui voter.

— Lis les affiches, compare, rends-toi compte et choisis le candidat qui, selon toi, peut faire le plus de bien à la contrée. Rappelle-toi, Guillaume, que l'accomplissement de ses devoirs honore le citoyen.

— S'il en est ainsi, vous pouvez être certain que je viendrai, Monsieur Bongrand.

8

Le dimanche suivant, le pays présentait une animation in-accoutumée. Guillaume, fidèle à sa promesse, avait parcouru bravement les quelques kilomètres le séparant de la commune.

Muni de son bulletin plié et de sa carte d'électeur, il pénétra dans la salle du vote. Là, il vit trois scrutateurs au bureau. Celui du milieu avait devant lui une urne. Des deux autres, l'un tenait des ciseaux, et l'autre, un grand registre ouvert.

Guillaume tendit sa carte dont on abattit un coin, pendant que le fonctionnaire au registre vérifiait son nom. On reçut son bulletin qui fut introduit dans l'urne, puis on lui rendit sa carte, et il se retira.

Maintenant qu'il avait voté, Guillaume était pressé de connaître le résultat, et il désirait vivement que son candidat obtînt tous les suffrages. Aussi, ne voulait-il pas rentrer à son domicile avant qu'on eût fait le dépouillement du scrutin. Son cœur battait malgré lui; et, c'est tout ému qu'il apprit la nomination de « son député ».

Il l'appela bien plus ainsi quand il se rendit compte que c'est à une voix que l'élu devait la majorité absolue.

— Eh bien! Guillaume, lui dit M. Bongrand, tu parais satisfait.

— Pour sûr, monsieur le Maire, car sans moi, *il* ne passait pas.

— Tu vois que j'avais raison de t'assurer qu'un seul peut parfois faire pencher la balance, et qu'on a toujours tort de s'abstenir.

Le Suffrage universel dit à tous : Soyez tranquilles, vous êtes souverains...

Il y a un jour dans l'année où le plus modeste citoyen prend part à la vie du pays tout entier, où il juge les représentants, le Sénat, les ministres, le président de la République ; un jour où le plus faible sent en lui la grandeur de la souveraineté nationale, où le plus humble sent en lui l'âme de la Patrie.

Ce jour-là, c'est celui où il est appelé, par son vote, à prendre part au gouvernement de son pays.

D'après Victor Hugo.

Tableau n° 10. — LA TEMPÉRANCE

L'ALCOOLISME RUINE LA SANTÉ ET AMÈNE LA MISÈRE DANS LA MAISON

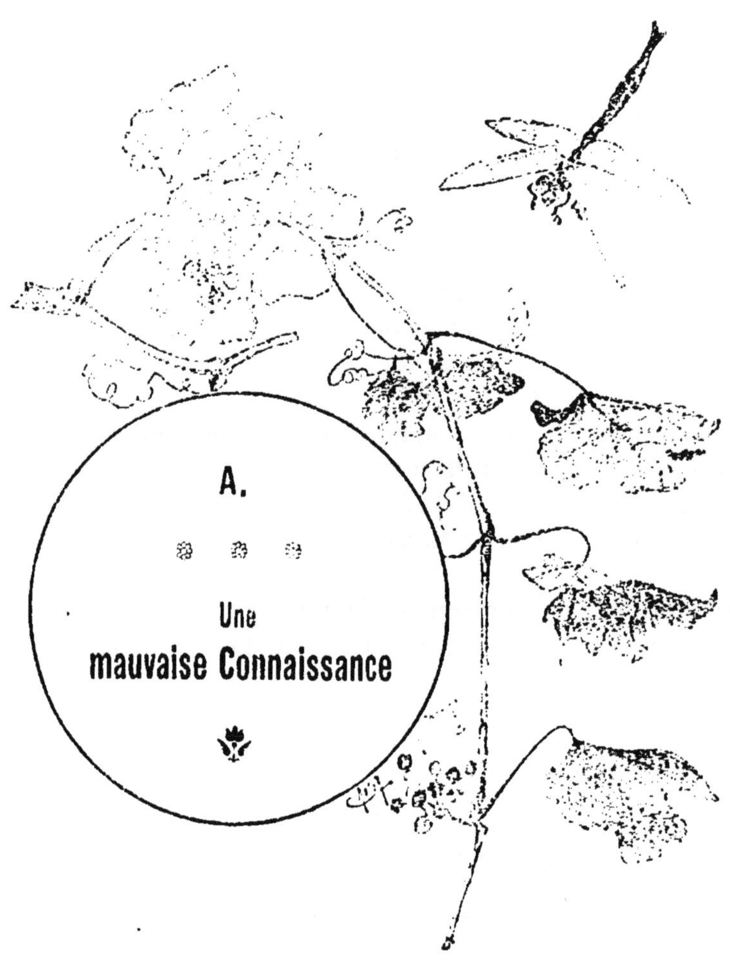

.1. — L'ENTRAINEMENT AU CABARET.

Le cabaret exerce un attrait malsain par ses boissons, par les mauvaises habitudes, par les jeux que l'on y pratique. Malheur à qui s'y laisse attirer! C'est, à brève échéance, la perte de son esprit, la ruine de sa santé.

XXVIII

Une mauvaise connaissance

Martial était un excellent ouvrier plombier, doux, travailleur et sobre. Il gagnait de bonnes journées et vivait heureux avec sa femme Laure et ses enfants : Laurent, Juliette et Julien.

Mais voici qu'à l'atelier entre un nouveau camarade. Martial dit à sa femme :

— C'est étonnant, comme cet Auguste me déplait!

— Pourquoi cela?

— Il n'est pas exact et son travail manque de soin; il a, chaque fois qu'il le peut, la pipe à la bouche, et constamment il entre au café.

— Oh! alors, je plains sa femme.

— Il n'est pas marié.

A quelque temps de là, Martial, si ponctuel, rentra un peu plus tard que de coutume.

— Il ne t'est rien arrivé de fâcheux, au moins? demanda sa femme.

— Quelle plaisanterie! C'est ma montre qui s'est arrêtée, ou la pendule qui avance.

Le lendemain, autre chanson.

— Enfin, te voilà, Martial, les enfants ont faim. Nous t'attendons pour diner.

— La belle affaire pour cinq minutes de retard.

— Oui, cinq minutes pour tout autre que toi, reprit Laure en souriant, c'est peu; mais comme tu es la précision même...

— Eh quoi! fit l'ouvrier aigrement, ne pourra-t-on pas causer quelques secondes avec un ami sans en demander la permission à Madame?

Laure est toute surprise de ce ton si contraire à celui de son mari habituellement, et n'insiste pas.

Le jour suivant, Martial n'attend pas la question et dit :

— J'ai mangé la consigne, hein? C'est que j'ai conduit un compagnon jusque chez lui.

— Qui ça? questionne Laure enjouée.

— Quand je te dirai le nom, tu ne seras pas plus avancée, tu ne le connais pas.

— C'est un nouveau?

— Que t'importe! Je commence à trouver singulière cette façon de m'espionner.

—Voyons, voyons, Martial, quelle mouche te pique? Mettons-nous à table.

— Laisse-moi, tu m'ennuies. D'ailleurs, je n'ai pas faim.

— Comment! serais-tu souffrant?

— Quelle idée! On peut bien manquer d'appétit pour une fois sans être malade.

Mais toutes les bonnes raisons de Martial n'empêchent point Laure de s'inquiéter.

Un hasard lui fait prendre ses inquiétudes au sérieux : elle a aperçu Martial entrant, avec qui? avec Auguste chez un débitant de boissons.

Par la vitre elle a vu, de ses yeux vu, Martial attablé en cette triste société et jouant aux cartes pendant que la patronne leur versait à boire.

Elle sait qu'une mauvaise fréquentation peut être pernicieuse autant qu'une bonne est profitable.

La renoncule, un jour, dans un bouquet,
   Avec l'œillet se trouva réunie.
Elle eut le lendemain le parfum de l'œillet :
On ne peut que gagner en bonne compagnie.

BÉRANGER.

Tableau n° 10

LA TEMPÉRANCE

B.

L'Entraînement

B. — LA MISÉRE DANS LA FAMILLE.

Martial a cédé à l'attrait du cabaret, et la misère règne en son intérieur. Sa femme, ses enfants n'ont presque plus ni vêtements, ni pain... L'ivrogne a toujours sa bouteille d'absinthe, la terrible liqueur qui a annihilé ses forces et va éteindre son intelligence.

XXIX

L'entraînement

Martial, entraîné au cabaret par l'ouvrier qu'il avait lui-même désapprouvé, comprenait d'abord ce que sa conduite avait de blâmable. Aussi, son premier mouvement avait-il été de dissimuler à sa femme sa liaison avec l'individu mal noté.

Un jour vint où il s'en fit une sorte de gloriole. Quand Laure, pour essayer d'arrêter son mari, s'il en était temps encore, voulut blâmer Auguste, Martial l'en empêcha brusquement.

— Nous sommes très liés, dit-il.

— Comment ! Tu ne voulais pas en entendre parler !

— Les idées changent.

— Pourtant, on n'a pas besoin de mettre de lunettes pour voir que cet homme est un mauvais sujet. D'abord, son patron vient de le mettre à la porte, ce n'est pas sans raison. Tu verras que tu te repentiras d'une semblable société.

Au jour de la paye, Martial demeura étonné de la somme qu'il devait au cabaretier.

Afin d'ôter à sa femme toute velléité de reproche, il lui chercha noise pour un mot. La querelle s'envenima et l'on en vint aux paroles plus vives. Refusant de souper, Martial sortit en claquant la porte.

Il retourna boire et jouer, tandis qu'au logis la femme et les enfants pleuraient.

De jour en jour, le malheureux s'enfonçait dans sa déplorable habitude. Il arriva un moment où l'absinthe détrôna toutes les autres liqueurs.

Les dépenses augmentaient. On dut quitter le logement clair et gai pour un autre moins coûteux.

Peu à peu, Martial semble atteint d'un mal inconnu : ses

joues se creusent, son teint pâlit, ses yeux se cernent, son regard devient fixe et dur. Il est incapable de tout travail.

Malgré cela, il lui faut son absinthe.

Il perd sa place. Laure fait des prodiges pour subvenir aux besoins de la famille.

La misère arrive à grands pas. Le loyer est encore trop lourd; on émigre dans une mansarde.

Rien n'arrête l'ivrogne. Que lui importe que ses enfants manquent de vêtements, que leurs petits estomacs crient la faim ! Il a son absinthe.

L'alcoolique peut à peine se tenir lorsqu'il rentre ; il se fâche sans raison, jure, tempête, brise les chaises, menace sa femme.

Les enfants sont terrorisés. Julien cherche un refuge dans les bras maternels, Juliette sanglote et Laurent contemple d'un œil stupéfait ce père jadis si bon, et qui n'a plus un mot d'affection pour les siens.

Laure, assise sur un matelas déchiré, dernier débris du mobilier, regarde avec mépris cet homme tombé au rang de la brute et qui ne sait que répéter : « J'ai soif! »

Le misérable a employé les dernières ressources à l'achat d'une bouteille maudite. Insensible aux souffrances d'autrui, inconscient de l'horreur du tableau qu'il a sous les yeux, il se verse encore le liquide vert si funeste.

La misère est à son comble; c'est la mendicité qui attend les uns, la folie qui guette l'autre.

Le sang quitte tes jambes roides,
Les ombres gagnent ton cerveau,
Et sur ton front les perles froides
Coulent comme aux murs d'un caveau.

Tes enfants, ta femme et tes proches
Pleurent en se tordant les bras,
Et déjà le sonneur aux cloches
Se suspend pour sonner ton glas.

THÉOPHILE GAUTIER.

(Poésies diverses. — Fasquelle, édit.)

Tableau n° 10

LA TEMPÉRANCE

C.

Une Résolution Inattendue

C. —L'ABANDON DU CABARET.

Martial s'est reconquis... après avoir failli devenir assassin de son cher petit Julien ! Il a compris que la ruine l'étreignait, que la folie et le crime le guettaient ; il dit adieu au cabaret... honneur à lui !

XXX

Une Résolution inattendue

Laure constate la détresse profonde où elle et ses enfants sont plongés. Et c'est l'absinthe la vraie coupable.

Oh! comme elle voudrait jeter au ruisseau tous les poisons plus ou moins pompeusement décorés de noms ronflants, et qu'on appelle ironiquement « apéritifs » !

Au moment où Martial va s'en verser à nouveau une rasade, Laure, prise d'une énergie subite, se lève comme mue par un ressort et s'écrie :

— Eh bien, non! tu n'en boiras plus!

Et elle tente de lui arracher le flacon. Les enfants la suivent. Mais Martial retrouve sa vigueur pour ressaisir le litre et, dans un accès de délire le projette au hasard.

Ce litre passe à deux doigts de Juliette et vient se briser aux pieds de Julien, qui reçoit tous les éclats de verre.

L'enfant tombe en poussant dans un appel désespéré le cri :

— Maman!

Il est inondé de sang, pâle et sans vie; Laure se précipite vers le pauvre petit, le saisit dans ses bras et l'emporte en courant chez un pharmacien, tandis que Laurent et Juliette répètent au milieu de leurs larmes :

— Il est mort! Il est mort!

La vue du sang répandu par terre et les gémissements des enfants étonnent d'abord le brutal; puis il revient à lui et commence à comprendre. La terreur le dégrise.

— Quoi! c'est vrai! Il a tué son enfant, son Julien, son préféré! Non, ce n'est pas possible.

Il tremble maintenant de voir rentrer sa femme. Il croit à chaque instant entendre des pas dans l'escalier... Cette fois on monte... Il tressaille... Va-t-il se trouver en présence du cadavre de son fils?

Laure paraît : elle porte Julien, la tête enveloppée de bandelettes ; mais son petit visage est rosé : il est vivant!

Martial a été trop ému. Une détente se produit : il perd connaissance.

Lorsqu'il revient à lui, il jure de changer de conduite et de renoncer pour toujours à sa passion maudite.

« Serment d'ivrogne! » pensa Laure.

Elle se trompait.

Martial retourna à l'atelier; à force d'instances, il parvint à s'y faire admettre de nouveau.

Dès les premiers moments, il tint à honneur de montrer que sa cure était radicale. Jamais il n'avait déployé tant d'ardeur à satisfaire son patron.

Le plombier se garda bien de renouer des relations avec son ancien ami. Quand il l'apercevait de loin, il se détournait de son chemin pour ne pas le voir. Un jour, pourtant, se trouvant face à face, Auguste l'invita encore à venir se « rafraîchir ».

— Dites plutôt se « brûler »! Pour ma part, je ne remettrai jamais les pieds dans ces établissements, où, sous le prétexte d'aller prendre des forces, on perd tout courage et l'estime des honnêtes gens.

— Poule mouillée, va! Heureusement qu'Armand n'est pas comme toi.

— Tôt ou tard il reconnaîtra son erreur. Je souhaite qu'il s'aperçoive à temps du mal qu'il se fait volontairement.

Ne pénètre pas dans cet antre,
On y perd le corps et l'esprit :
Intelligent et brave on entre,
L'on en sort stupide et flétri.

Si tu veux rester honnête homme,
Résiste à l'attrait du poison,
Car ce bouge-ci n'est, en somme,
Que l'école de la prison !

STANISLAUS.

Tableau nᵒ 10
LA TEMPÉRANCE

D.

Le Retour
du Bonheur

D. — LE BONHEUR DANS LA FAMILLE.

Voici des joies douces, saines et vraies ! L'on est heureux de son bonheur, mais plus encore du bonheur que l'on donne aux autres : et Martial, revenu à la vie laborieuse et digne, jouit du bonheur de sa femme et de ses enfants.

XXXI

Le Retour du bonheur

Que voici donc un tableau aimable et touchant! Sous la lampe, la famille est réunie.

La mère écoute la leçon que lui récite son fils aîné, une fillette tricote de ses doigts agiles, tandis que le père fait sauter sur ses genoux le plus jeune des enfants qui lui tire, en riant, la moustache.

L'intérieur est propre et gai, soigné, coquet même, sans luxe exagéré. On sent qu'on se trouve chez des gens heureux.

Mais, est-ce possible?

Ce petit garçon à l'air éveillé, c'est Laurent! La tricoteuse est Juliette; voici Laure, leur maman, et dans l'homme qui joue si doucement avec son bébé et le regarde avec tendresse, il faut reconnaître Martial.

Son teint est frais, ses yeux brillants, sa mine prospère, son attitude dénote la jeunesse et la santé.

Il ne reste plus rien du farouche buveur de jadis. On a oublié les mauvais jours. Du moins, si on se les rappelle, c'est pour en éviter à jamais le retour.

L'aisance a repris sa place au foyer, grâce au travail, à la conduite régulière et sérieuse du chef de famille.

Mais Martial a eu bien à lutter. On perd plus vite du terrain qu'il n'est facile de le regagner.

Bien souvent, la tentation l'avait assailli : alors aussi vite l'image de son Julien ensanglanté lui revenait à l'esprit et le faisait persévérer dans la bonne voie.

Que de mal aussi pour acquitter l'arriéré, pour racheter petit à petit les effets et les meubles!

Le découragement lui venait parfois.

— Plus la peine est grande, plus on a de mérite, lui répétait Laure. Ne te lasse pas, nous retrouverons notre vie d'autrefois, et les jours sombres ne seront plus qu'un mauvais rêve.

Martial lui sait gré du pardon qu'elle accorde à sa faiblesse momentanée pour ne songer qu'à le fortifier dans le droit chemin.

On dit que les peuples heureux n'ont pas d'histoire. Cette maxime peut s'appliquer maintenant à la famille de Martial.

Un jour, en lisant le journal, le plombier a frissonné malgré lui, c'est qu'il vient de voir le récit d'un crime atroce : un homme, dans un accès de fureur causée par l'alcool, a plongé inconsciemment un couteau dans la poitrine de son enfant, pendant que sa femme se sauvait éperdument en emportant deux autres dans ses bras, pour les soustraire aux coups du furieux.

Malgré tout le repentir qu'il a montré de son crime, l'assassin a été condamné sévèrement et envoyé au bagne.

A cette lecture Martial se sent glacé par un souvenir horrible. N'a-t-il pas failli, lui aussi, devenir meurtrier?

Alors, plus affectueusement que jamais, le père embrasse ses trois enfants et particulièrement le petit Julien qui aurait pu être sa victime.

L'absinthe? ce poison couleur de vert-de-gris,
Qui vous rend idiot, sans qu'on soit jamais gris?
Merci ! — Le cabaret? L'on sait ce qu'on y gagne !
Singulier goût d'aimer à battre la campagne !
Je n'ai jamais compris, sobre dès le matin,
Les éblouissements de ce comptoir d'étain.

Voyez-vous, ma raison, qu'un pareil soupçon blesse,
Fait de la tempérance un titre de noblesse.
La misère et le vice ont besoin de l'oubli :
J'aime trop mon bon sens pour le voir affaibli ;
Et nous n'avons pas trop de notre intelligence,
Nous autres, pour combattre et vaincre l'ignorance.

EUGÈNE MANUEL.

(Les Ouvriers. — Calmann-Lévy, édit.)

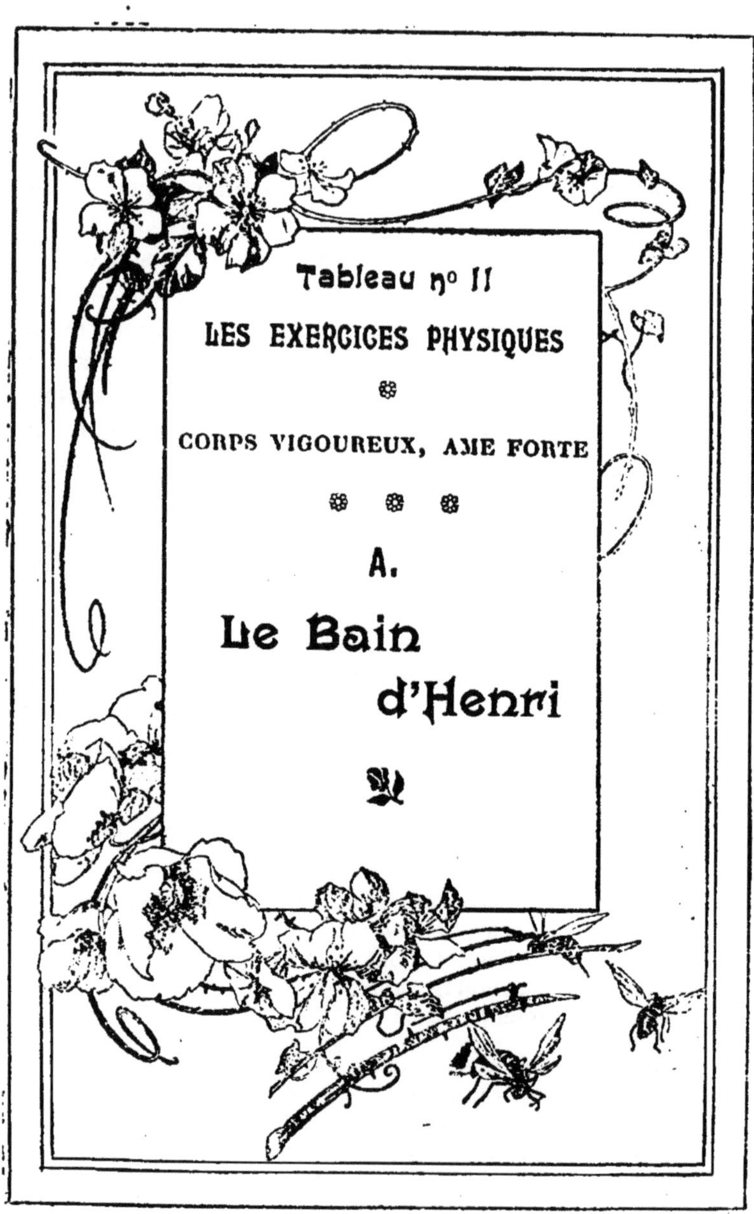

Tableau n° II
LES EXERCICES PHYSIQUES
CORPS VIGOUREUX, AME FORTE
A.
Le Bain
d'Henri

A. — LA NATATION.

Rien n'est bon comme la natation. Sans parler de ses qualités hygiéniques elle donne à l'homme la sensation de sa puissance et de sa volonté, plus fortes que l'élément liquide, et augmentent sa légitime confiance en lui-même.

XXXII

Le Bain d'Henri

M. Daubray répète souvent à ses élèves cette maxime : « Corps vigoureux, âme forte ». Il les engage à se rompre aux exercices physiques :

— Allons, mes amis, ne vous lassez pas d'assouplir vos membres, vous finirez par acquérir une grande résistance à la fatigue. Le danger ne vous causera plus la même appréhension ; tout en restant prudents, vous cesserez d'être craintifs.

Pour mettre en pratique ces théories, quand vint la belle saison, le maître emmena à la rivière Philippe et Victor, tous deux bons nageurs, et il engagea Ferdinand, Henri et Eugène à les accompagner.

Tout en causant, on arriva au bord de l'eau. Les jeunes garçons se déshabillèrent gaiement.

Philippe et Victor piquèrent une tête, ravis de barboter et de s'éclabousser à qui mieux mieux.

Ferdinand s'aventura hardiment vers ses camarades et se mouilla entièrement sans attendre. Henri, tout au contraire, avançait un pied timide et le retirait aussitôt en frissonnant, pendant que sa figure se contractait en une affreuse grimace.

— Pourquoi n'entres-tu pas? lui demanda Philippe.

— C'est trop froid ! gémit Henri.

— Attends un peu, dit Victor, on va te la faire chauffer !

— Ah! si je savais nager! il y a longtemps que je serais entré.

— Tu n'apprendras pas sur ta marche. Regarde donc Ferdinand, il est bien plus courageux que toi; je suis sûr qu'il saura bientôt, lui.

— Il n'apprendra pas tout seul.

— Naturellement, nous lui montrerons les mouvements.

A ce moment, M. Daubray, qui causait avec Eusèbe et n'avait rien vu de cette scène, s'écria :

— Vous n'y pensez pas, Henri, vous allez vous enrhumer, plongez-vous jusqu'au cou.

— Je ne peux pas, Monsieur, c'est glacé.

— Veux-tu que je t'entraine, proposa Eusèbe, je vais être déshabillé, ça sera vite fait.

— Non, non, supplia Henri, qui tremblait de peur, j'aime mieux m'en aller.

— Prenez garde, Henri, dit M. Daubray, je vais me fâcher. N'êtes-vous pas honteux!... Tenez, je frappe dans mes mains : à « trois! » vous entrerez, sinon vous serez puni.

Le signal fut donné, et Henri ne paraissait pas disposé à obéir, quand Eusèbe se glissant doucement derrière lui, l'envoya, d'une vigoureuse poussée en plein dans la rivière.

Henri poussa des cris perçants et tenta de regagner l'escalier ; mais ses camarades l'entouraient, et c'était à qui l'en empêcherait.

La lutte, qu'il fut obligé de soutenir contre eux, eut vite fait de le réchauffer, et il commença à ressentir un certain bien-être. Il s'intéressa même aux essais de natation de Ferdinand et d'Eusèbe et voulut les imiter.

Quand M. Daubray annonça l'heure de sortir. Henri s'écria :

— Déjà ! on commençait seulement à être si bien !

— Alors, dit Eusèbe, tu ne m'en veux pas?

— Au contraire, tu m'as rendu service.

Ils rentrèrent tous, aussi joyeux qu'ils étaient partis, mais le corps plus dispos.

Enfant, bon espoir, bon courage,
Surmonte les premiers dégoûts :
Ce n'est qu'au terme du voyage
Qu'on goûte les fruits les plus doux.

H. DURAND.

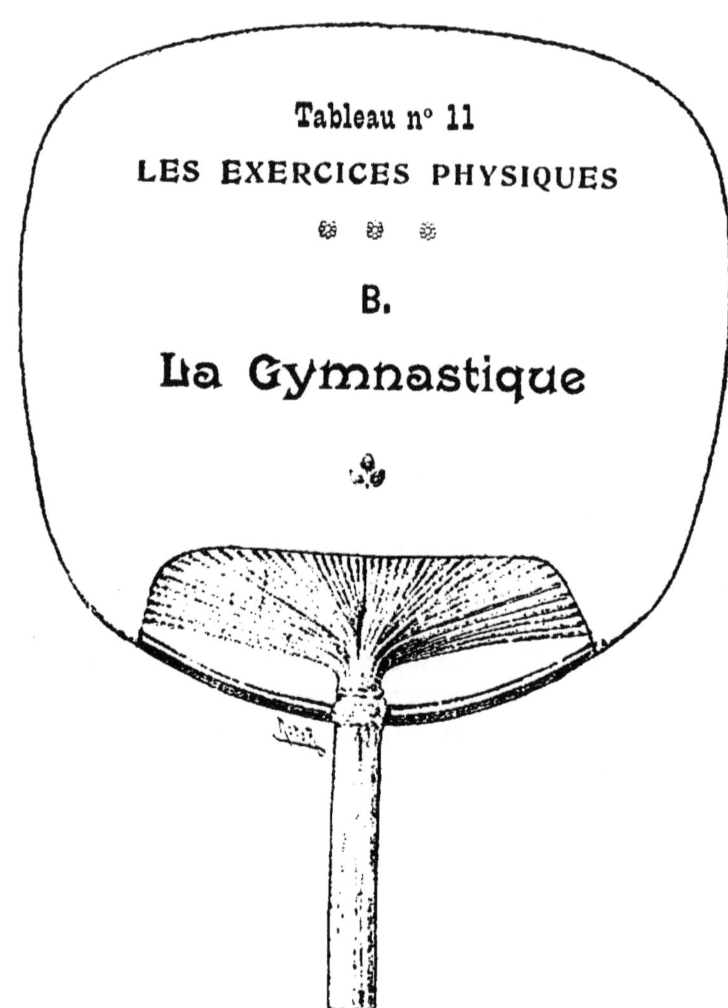

Tableau nº 11
LES EXERCICES PHYSIQUES
B.
La Gymnastique

B. — LA GYMNASTIQUE.

Assouplir les membres, fortifier et augmenter les muscles, voilà
le résultat matériel de la gymnastique. Mais habituer la volonté à
l'effort, l'accoutumer à s'imposer aux muscles quelquefois trop faibles, voilà sa vraie valeur, son but le plus haut.

XXXIII

La Gymnastique

Octave n'aime pas la gymnastique.

— On nous prêche toujours de nous instruire, dit-il, mais ce n'est pas quand j'aurai grimpé après la perche ou la corde à nœuds que je saurai mieux mon Histoire de France.

— Eh bien ! moi, répondit Valentin, je ne suis pas de ton avis, j'aime beaucoup tous ces exercices, c'est un autre genre de fatigue qui délasse du travail de l'esprit.

— Je trouve cela inutile.

— Inutile ! Comment peut-on dire une chose pareille ! La gymnastique nous rend plus vigoureux. Depuis que j'en fais, je me sens beaucoup plus fort.

— Je n'ai nul besoin de me mieux porter, j'ai une santé excellente.

— C'est possible, Octave, mais es-tu sûr d'être toujours assez résistant et d'avoir surtout la souplesse voulue...

— La belle affaire !

— Moi j'ai de bonnes raisons pour apprécier ces qualités :

Quand j'étais petit, le feu a pris à notre maison, qui est isolée ; papa et maman étaient sortis, et je dormais tout seul au premier étage.

Tout à coup, mon frère Louis, qui revenait de l'école, voit de la fumée sortir de la fenêtre entr'ouverte. Il appelle au secours ; personne ne répond. Il s'aperçoit que le feu est dans l'escalier, et il m'entend pleurer dans la chambre.

Vite il saisit une échelle et l'applique contre le mur. Malheureusement elle n'est pas assez longue pour atteindre la fenêtre.

Louis ne perd pas la tête. A grand'peine, il se hausse jusqu'à la barre d'appui, et, à l'aide d'un rétablissement, pénètre dans la chambre.

Il me saisit et me dépose sur le rebord en me recommandant de ne faire aucun mouvement. J'étais bien bébé, mais je compris la gravité de la situation et n'eus garde de bouger.

Lui, redescendant à la force des poignets, retrouva l'échelle, me prit et me porta vivement à terre. Les secours arrivèrent longtemps après, et je puis dire que c'est grâce au dévouement de mon frère que je suis encore en vie.

J'ai compris depuis que, malgré son courage et sa bonne volonté, Louis n'aurait pas pu me sauver s'il n'avait pas été aussi fort en gymnastique.

— C'est très beau, cela ! s'écria Octave avec admiration, et je me résignerais bien à étudier pour devenir sauveteur à l'occasion ; mais je ne puis sans ennui songer aux barres parallèles et autres choses puériles.

— Nos maîtres savent mieux que nous ce qui convient, et je pense que chaque exercice a pour but de développer les muscles de telle ou telle partie du corps, en les rompant à des mouvements raisonnés, qui maintiennent le bon équilibre. J'entendais dire, l'autre jour, que les danseuses, en ne faisant travailler que leurs jambes, les voient grossir, tandis que leurs bras restent maigres, et les hommes qui font métier de soulever des poids éprouvent le phénomène inverse.

— Je te remercie de ton conseil, cher Valentin, j'en ferai mon profit.

Demandez à la gymnastique
La vigueur qui vous manque encor ;
Vos pieds prendront le vif essor,
Vos bras la souplesse élastique.
Grâce à sa magique puissance,
Je vois vos corps se transformer ;
Je vois votre œil s'animer,
J'y vois briller l'intelligence.

BUSY.

Tableau nº II
LES EXERCICES PHYSIQUES
C.
La
Partie
de Billes

C. — LES JEUX.

L'esprit et le corps ont tous deux besoin de repos, et le jeu est indispensable, physiquement et moralement. Mais le jeu doit être désintéressé pour être sain. Imitez donc le conciliant Albert ; ne faites point comme le grognon Germain.

XXXIV

La Partie de Billes

L'heure de la récréation venait de sonner et les enfants se précipitaient, joyeux, dans la cour de l'école.

Les amis avaient vite fait de se réunir et d'organiser des jeux. Germain ne faisait partie d'aucune bande, car il avait mauvais caractère. Le conciliant Albert, seul, consentait parfois à partager ses amusements.

— Veux-tu jouer avec moi? lui dit Germain.

— A la condition que tu ne me chercheras pas chicane.

— Bien sûr.

— C'est que, vois-tu, quand il y a des discussions, les récréations ne m'amusent plus du tout; et c'est dommage de gâter un moment si agréable.

— Je crois bien, répliqua Germain, il y a même une chose qui m'étonne : comment notre professeur, qui est si sévère, se résigne-t-il à nous laisser des moments de liberté?

— On ne pourrait pas travailler toujours sans interruption. Tu dois bien voir toi-même que l'attention se lasse et qu'on est souvent moins appliqué à la fin du cours qu'au commencement. Papa m'a cité à ce propos une parole célèbre :

« L'arc toujours tendu ne tarde pas à se rompre. »

Et puis, la plupart des jeux font partie des exercices physiques qu'on nous recommande, les autres développent l'adresse et le coup d'œil. Tous sont pour l'esprit un repos nécessaire.

— Puisque c'est si bon que cela, mettons-nous à jouer.

— A quoi? demande Albert.

— A saute-mouton?

— Non, il fait trop chaud.

— Au triangle alors; as-tu des billes?

— Oui, j'en ai justement de neuves.

Ils choisirent une place bien unie, y tracèrent un triangle qu'ils garnirent de billes, puis commencèrent le jeu.

Pendant quelque temps, tout alla bien, pourtant la chance semblait favoriser Albert. La figure de Germain se rembrunissait petit à petit.

Encore une fois Germain fut battu. Il s'écria :

— Ce n'est pas juste, je perds toujours ! C'est parce qu'il y a des bosses sur la terre.

— Elles sont les mêmes pour moi que pour toi.

— Eh bien alors, c'est que tu triches, puisque tu gagnes.

— C'est très vilain ce que tu dis là. Tu es donc capable de le faire pour le supposer de ma part?

— C'est cela, appelle-moi tricheur ! dit Germain furieux .

Et il menaçait son camarade de son poing levé.

Le premier mouvement d'Albert fut de se mettre sur la défensive ; mais il s'arrêta à une décision plus sage. Avec calme il reprit :

— Ne t'emporte pas, Germain, cela ne sert à rien. Déclarons la partie nulle, voilà tout, reprenons chacun nos billes et quittons-nous bons amis.

La colère de Germain tomba immédiatement devant cette conduite si conciliante. Il reconnut ses torts, pria Albert de les oublier et lui demanda de reprendre le jeu.

On recommença la partie. Germain, profitant de la leçon, se montra cette fois bon joueur. Il sentit lui-même que la concorde donne aux distractions un plus grand attrait que l'esprit querelleur.

En avouant la faute qu'on a faite,
On en subit le juste châtiment ;
Mais aussitôt sa faute, on la rachète ;
On montre à tous qu'on porte un cœur honnête
En avouant.

Mme PAPE-CARPANTIER.

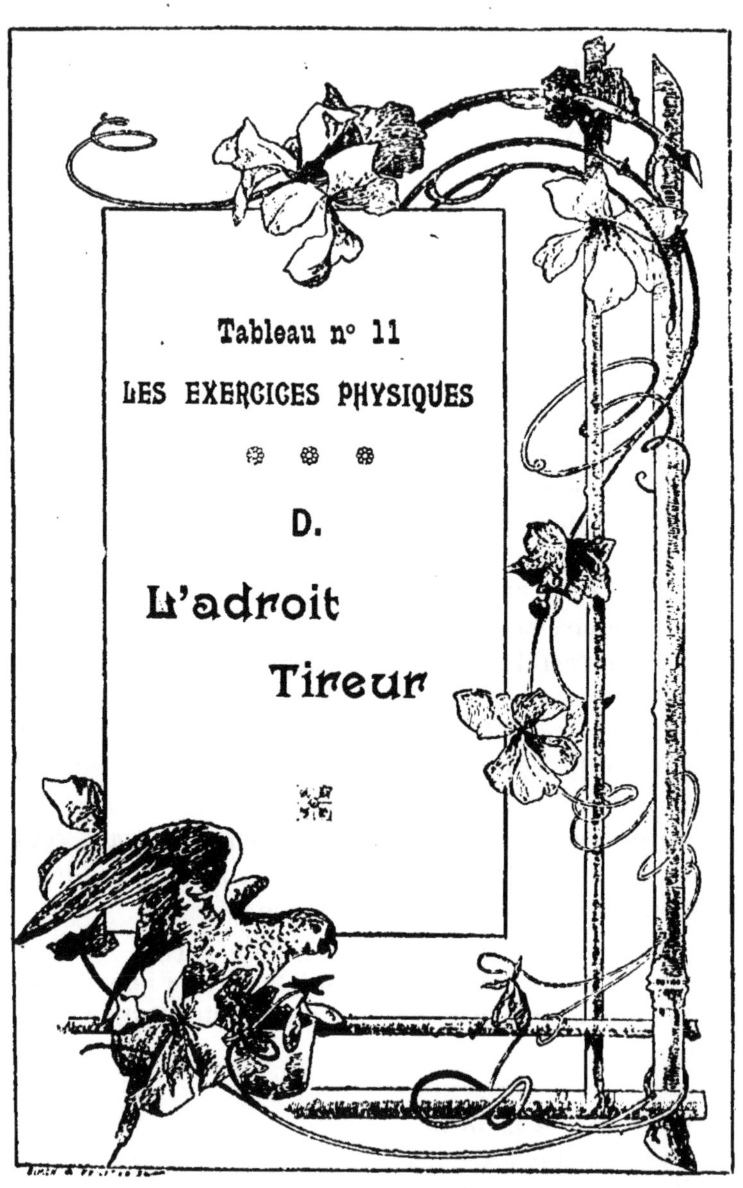
Tableau n° 11
LES EXERCICES PHYSIQUES
D.
L'adroit
Tireur

D. — VERS LE BREVET MILITAIRE.

On dirait presque de vrais soldats, tant leur position est correctement réglementaire, tant ils semblent accomplir un devoir. Si un jour la patrie était en danger, quels bons défenseurs ces jeunes gens feraient!

XXXV

L'Adroit Tireur

Une grande nouvelle réjouissait les écoliers : ils venaient d'apprendre qu'on allait commencer à leur faire faire des exercices militaires. Ce fut une explosion de joie sans égale.

Les groupes se formaient, on causait avec ardeur, les visages étaient animés. Alexandre dit à Marc :

— Nous allons joliment nous amuser.

— Peuh ! ce n'est pas sûr !

— Pense donc, jouer au soldat ! il n'y a pas de jeu plus agréable ; rappelle-toi nos bonnes parties, soit avec les soldats de plomb, soit quand nous faisions la petite guerre.

— C'étaient des amusements organisés à notre gré, mais là ce sera sérieux ; il y aura peut-être des punitions.

— Tant mieux ! on aura davantage l'illusion de la vérité.

— Tu te consoles vite. Je ne vois pas trop à quoi cela pourra nous servir. Nous aurons le temps de nous instruire au régiment.

— Ce que nous saurons sera toujours autant d'appris, et nous obtiendrons plus vite des grades.

Bientôt les exercices commencèrent. Les enfants s'y intéressèrent de plus en plus.

Quand ils furent bien accoutumés au maniement de l'arme, on les exerça au tir. Cette fois, Alexandre ne raisonna plus : il était ravi à la pensée de devenir bon tireur et disait :

— Quand je serai grand, je saurai chasser comme papa.

— Oui, cela nous donnera le coup d'œil juste et nous deviendrons aussi adroit que Guillaume Tell.

— Qui est-ce, Guillaume Tell ?

— Un grand héros suisse. Tu sais bien, son pays était gouverné par le tyran autrichien Gessler, qui, pour humilier les Suisses, avait fait placer son chapeau sur une perche, avec ordre de le saluer. Des hommes, postés à sa garde, devaient conduire devant lui les récalcitrants, Guillaume Tell refusa d'obéir et passa fièrement la tête haute. Il fut arrêté et amené à Gessler qui le condamna à mort. Mais une chance de salut lui resta.

« — Tu es, paraît-il, « un habile tireur », demanda le tyran.

« — On le dit.

« — Eh bien! tu auras la vie sauve, si tu parviens à abattre une pomme sur la tête de ton propre fils.

« — J'y consens.

« On fait venir l'enfant, le père lui bande les yeux, lui recommande l'immobilité, place la pomme sur sa tête. Puis, il tend son arbalète et vise... Le coup part: le fruit est transpercé, sans que l'enfant ait éprouvé même une secousse.

— Ça, c'est de l'adresse ! s'exclama Alexandre.

— Tu penses bien qu'il s'était habitué à tirer dès l'enfance.

— Mais ce n'était pas avec un fusil.

— Qu'importe ! Il n'en fallait pas moins un coup d'œil juste, et si Guillaume Tell n'avait pas été aussi sûr de lui, il aurait tué son fils avec cette arme dangereuse.

Tu seras soldat, cher petit !
Tu sais, mon enfant, si je t'aime !
Mais ton père t'en avertit,
C'est lui qui t'armera lui-même.

Quand le tambour battra demain,
Que ton âme soit aguerrie;
Car j'irai t'offrir de ma main
A notre mère, la Patrie !

Travaille en silence, obéis,
Apprends à tout souffrir sans larmes ;
Et, plus tard, servant ton pays,
Tu seras ferme sous les armes.

V. DE LAPRADE.

(*Le Livre d'un Père.* — Hetzel et Cie, édit.)

Tableau n° 12
LE TRAVAIL

LE TRAVAIL ASSURE LE BIEN-ÊTRE
ET CONDUIT A L'HONNEUR

A.

Les Fils

de Mathurin

A. — LE TRAVAIL AGRICOLE.

On se moque souvent des « paysans ». C'est à eux, pourtant, que nous devons d'exister, à eux qui nous donnent le pain, le vin, les céréales, etc. Ils sont plus heureux que les citadins, car ils sont plus indépendants, et leur santé est bien meilleure.

XXXVI

Les Fils de Mathurin

Arsène et Maxime, les fils de l'honnête cultivateur Mathurin, avaient, dès leur enfance, des goûts bien différents.

— Moi, disait Maxime, quand je serai grand, je veux aller à la ville.

— Pourquoi faire donc? lui demanda son frère.

— Pour être un Monsieur, et avoir de beaux habits comme le fils à Jérôme qui est si flambant quand il revient à la fête du pays.

— Oh! celui-là, il est chez sa tante l'épicière qui s'occupe de lui ; mais toi, tu n'as personne à la ville, tandis qu'ici, tout le monde sait qui tu es.

— Je ferai des connaissances. Tu ne penses pas qu'avec l'instruction qu'on nous donne, je vais passer ma vie dans ce village à manier la charrue ou à charger le fumier.

— Tu es bien délicat ! L'instruction ne nuit en rien au travail agricole : elle permet au contraire de s'y adonner d'une façon plus intelligente et plus profitable.

— Libre à toi de rester ici; pour ma part, je m'en irai.

Quand tous deux furent munis de leur certificat d'études, les parents décidèrent de laisser suivre à chacun la voie qui lui plairait.

Maxime partit, Arsène resta et se mit bravement à aider son père dans la culture.

Il aimait ce travail au grand air pur et vivifiant et y prit rapidement vigueur et santé florissante. En quelques années, il acquit l'apparence d'un homme.

Quelle différence entre ces joues fraîches et colorées, et l'aspect malingre que présentait Maxime, lorsque par hasard il revenait au village.

A chaque retour, d'ailleurs, l'entrain de celui-ci paraissait diminuer. Il montrait moins d'empressement à repartir, sans que son amour-propre le laissât en convenir.

Un jour vint où il tomba malade et dut abandonner l'existence enfiévrée de la ville, pour venir se rétablir au foyer natal.

Il était remis depuis quelque temps, et il ne parlait pas de s'en aller.

Il sembla même bientôt s'intéresser assez vivement aux choses de la ferme. Certaine fois il dit :

— Je comprends qu'on ait toujours une bonne santé, à mener cette vie calme et régulière au lieu de l'existence qui vous surmène par instants pour vous laisser ensuite des loisirs plus fatigants que le travail.

— Aurais-tu par hasard le désir de changer ? Le père serait si content ! Il se fait vieux et nous ne serions pas trop de deux pour lui venir en aide.

— Je n'osais pas le proposer, mais j'y songeais.

— Ah ! quel bonheur ! Vois-tu, nous autres, paysans, fils de paysans, nous sommes faits pour la campagne et ses habitudes agrestes. Labourer, semer, faucher, voilà ce qui nous convient. Et n'est-ce pas, après tout, la plus noble des carrières, puisqu'on y recueille directement le fruit de son labeur et le bien-être d'une honnête indépendance.

Sans le paysan, aurais-tu du pain ?
C'est avec le blé qu'on fait la farine :
L'homme et les enfants, tous mourraient de faim,
Si, dans la vallée et sur la colline,
On ne labourait et soir et matin.

Jean Aicard.

(La Chanson de l'enfant. — Flammarion, édit.)

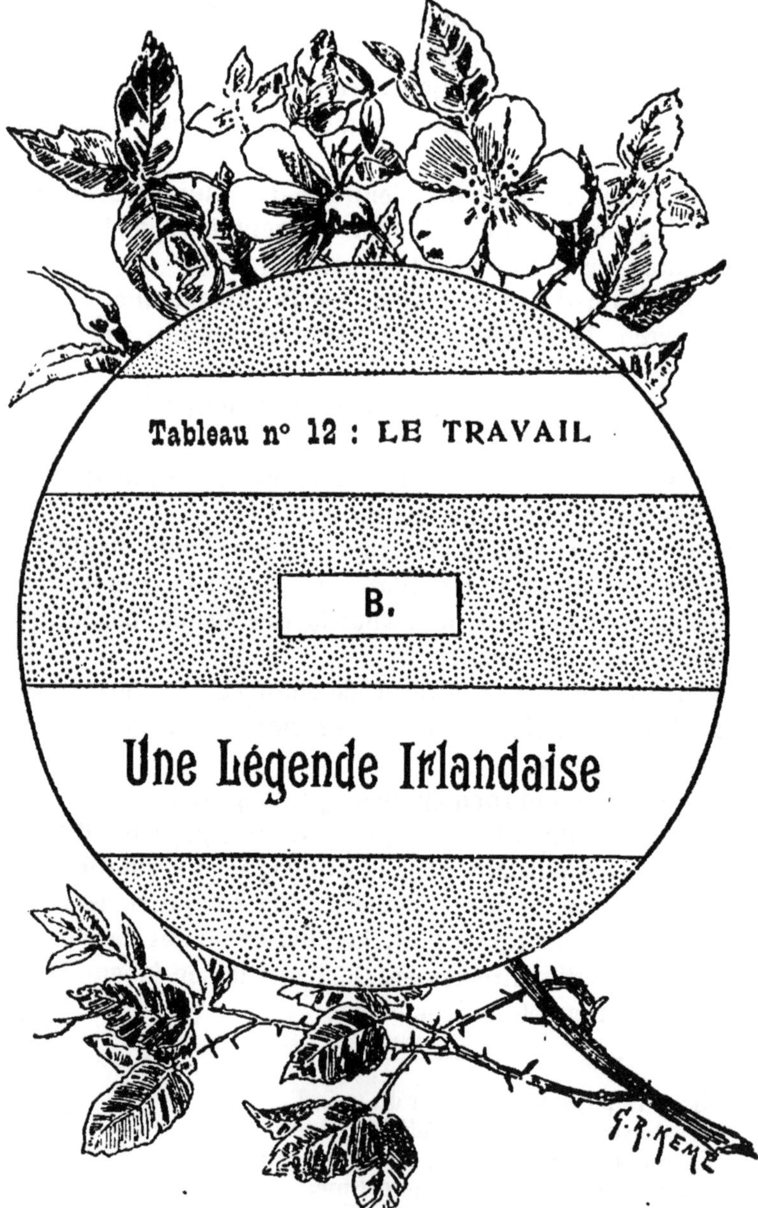
Tableau n° 12 : LE TRAVAIL
B.
Une Légende Irlandaise

B. — LE TRAVAIL INDUSTRIEL.

Rien ne vaut comme le travail ; il donne la vie aisée, large, heureuse surtout par le contentement de soi, par la joie du labeur accompli. C'est le plus sûr moyen d'arriver à une honnête aisance.

XXXVII

Une Légende Irlandaise

Pan ! pan ! pan ! C'est le marteau du forgeron qui résonne sur l'enclume.

— L'aurai-je assez frappé ce fer, disait Patrick l'Irlandais. Ah ! si seulement ce grossier métal se changeait en or sous mes coups !

— Quoi ! fit une voix qui semblait sortir de dessous terre, tu préférerais l'or au fer ?

Et un bonhomme d'aspect bizarre surgissait à ses pieds.

Patrick n'eut pas de peine à reconnaître un de ces lutins dont il avait souvent entendu parler pour leur merveilleuse puissance, mais qu'il n'avait jamais même entrevu.

Le forgeron n'était pas revenu de son étonnement que le gnôme continuait :

— Ne crains-tu pas, l'ami, d'avoir fait un vœu imprudent.

— Que nenni ! L'or vaut mieux que tout le reste.

— Eh bien, que ton souhait soit accompli ! Puisses-tu ne pas t'en repentir !

Aussitôt, le lutin disparut et Patrick se frotta les yeux, tout ébaubi : partout de l'or !

Or, son enclume, or, son marteau, or, la barre qu'il travaillait, la garniture du soufflet de la forge, la chaîne, tous ses outils et jusqu'aux clous de ses souliers.

Patrick passa la journée à se réjouir du grand bonheur qui lui était arrivé.

Le lendemain, pensant à une commande qu'il avait promise, il se mit à l'ouvrage. Mais dans son atelier, plus une parcelle de fer. Il dut prendre une barre dans sa réserve et la mit au feu.

Une fois sur l'enclume, il la frappa de son marteau. Oh !

stupéfaction ! L'instrument se brisa, il n'était pas assez résistant.

Les précieux outils furent essayés les uns après les autres : aucun ne put lui rendre service.

Le forgeron entra en fureur et s'écria :

— Ce maudit nain s'est moqué de moi ! S'il m'avait au moins laissé mon solide marteau de fer !

Un rire sarcastique se fit entendre. Patrick se détourna et vit le lutin qui lui dit :

— Je savais bien que tu y reviendrais, pauvre sot ! L'or n'est pas si précieux que tu le penses ; c'est le fer le roi des métaux.

— Par exemple ! rectifia Patrick !

— Ne vois-tu pas que sans fer on ne saurait fabriquer ni charrues, ni pioches, ni aucun de ces outils si nécessaires à l'agriculture, que sans lui on ne pourrait construire aucune de ces machines qui sont la gloire et la fortune de l'industrie. Regarde les voies ferrées, leurs locomotives, leurs wagons, les fils télégraphiques, les instruments tranchants, les cuves, les moteurs, et tout le matériel des usines, n'est-ce pas toujours du fer ?

— C'est pourtant vrai ! murmura Patrick, songeur. Je n'avais pas pensé à tout cela. Maintenant, je ne me plaindrai plus, et je vais me remettre à l'ouvrage avec plus d'ardeur.

— Et surtout tu n'oublieras jamais que la véritable richesse de l'homme, c'est son travail. Par là, il arrive au bien-être et à l'honneur. Lorsque son industrie parvient à tirer d'un bloc informe un objet de valeur, n'est-ce pas la réelle tranformation du fer en or ?

Laisse le rêve, prends la plume,
Lève le marteau sur l'enclume,
Prends la truelle des maçons :
Tu sentiras ta délivrance !
Et sur ta lèvre une espérance
Voudra s'échapper en chansons !

JEAN AICARD.

(La Chanson de l'enfant. — Flammarion, édit.)

Tableau n° 12
LE TRAVAIL

C.

La Persévérance
d'un Écolier

C. — LE TRAVAIL INTELLECTUEL.

Michelet ! Quel Français ne connait le nom du prestigieux écrivain qui a su faire revivre l'âme de l'histoire de notre beau pays ! Admirable exemple d'énergie et de persévérance dans le travail.

XXXVIII

La Persévérance d'un Ecolier

On était en octobre de l'année 1813, époque de la rentrée des classes. Les élèves du Lycée Charlemagne se groupaient autour d'un nouveau qui disait avoir 14 ans.

— Ah ! ah ! il nous en raconte, faisait l'un.

— On croirait qu'il sort de nourrice, disait l'autre.

— Est-ce que Bébé sait lire ? demandait ironiquement un troisième.

Le pauvre enfant, chétif et timide, voyait sa gaucherie augmenter devant ces railleries. Il arrivait d'une petite école de village, et son cœur battait à la pensée d'avoir à se mesurer avec des camarades si peu indulgents.

A la première question qui lui fut faite par le professeur, le nouvel élève rougit, perdit contenance et balbutia une réponse inintelligible, à la grande joie de ses compagnons, qui pouffaient de rire.

Il ne tarda pas à devenir le jouet de cette bande de gamins, qui lui faisaient mille tours, jetaient ses livres, ses cahiers, le bousculaient à la sortie, et tournaient en ridicule son modeste accoutrement, dénotant la gêne de sa famille.

Le pauvre garçon n'était pas heureux dans ce turbulent milieu !

Il aurait voulu se venger au moins des tracasseries en remportant quelques succès. Il les avait espérés d'abord, habitué qu'il était à tenir la tête de sa classe dans son pays.

Mais, de ce côté encore, il ne rencontrait que déceptions ! Malgré son application au travail, il n'arrivait jamais qu'à de mauvaises places.

Il s'en désolait, pleurait même, mais ne se décourageait pas. Son travail devenait de l'acharnement, et son exactitude à faire ses devoirs et à apprendre ses leçons aurait pu être citée.

Cependant, il dut redoubler sa classe.

Il pensa alors pouvoir prendre au moins un bon rang dans les concours, avec des condisciples qui n'auraient pas connu ses tristes débuts.

Hélas ! à la première composition, nouveau désespoir : il est 21e. N'était-ce pas une vraie déveine !

Elle ne réussit pas encore à l'abattre. Il se dit fermement :

— Je travaillerai quand même.

Il compose une seconde fois sans grand espoir.

Pourtant, le jour du résultat arrivé, on proclame premier :

— Michelet (Jules).

Il n'en peut croire ses oreilles ; et c'est avec des transports de délire que le persévérant enfant court apporter cette nouvelle à la maison paternelle. De ce jour, raconte-t-il lui-même, « mes camarades pouvaient se moquer de ma gaucherie, je ne les craignais plus. »

En effet, ce rang si laborieusement conquis, Michelet ne le quitta plus. Il obtint les plus brillants succès ; et, grâce à ce travail intellectuel continué par la suite, il devint un des premiers écrivains de notre cher pays, qu'il aimait ardemment.

Pour jeter une lumière plus vive sur sa gloire, il fit la magnifique *Histoire de France* dont la renommée est universelle.

Je me rappelle encor, non sans ravissement,
La classe, son travail, son silence charmant ;
Je tressaille, en songeant aux paisibles soirées,
Sous les regards du maître, au devoir consacrées,
Quand devant le pupitre, en silence inclinés,
Nous n'entendions, parfois, de nous-mêmes étonnés,
Que d'instant en instant quelques pages froissées,
Ou l'insensible bruit des plumes empressées,
Qui, toutes à l'envi courant sur le papier,
De leur léger murmure enchantaient l'écolier.
O jeunesse ! ô plaisir ! jours passés comme un songe !
Du moins, ces temps heureux, l'étude les prolonge ;
Elle laisse à nos cœurs cette première paix
Que les autres plaisirs ne prolongent jamais.

Lebrun.

Tableau nº 12
LE TRAVAIL
D.
Les deux Peintres

D. — LE TRAVAIL ARTISTIQUE.

La nature peut vous combler des dons les plus merveilleux ; mais
ils ne produisent rien de bon s'ils ne sont cultivés. Si l'inspiration
est nécessaire à l'art, le travail lui est encore plus indispensable.

XXXIX

Les deux Peintres

Lucien et Édouard avaient été admis ensemble à l'école des Beaux-Arts et étaient entrés dans le même atelier de peinture.

Toutefois, à cet examen, l'œuvre de Lucien fut jugée de beaucoup supérieure à celle d'Édouard, et le maître augurait mieux de l'avenir du premier que de celui du second.

Ces deux futurs artistes possédaient des natures bien différentes.

Lucien travaillait d'une façon vive, spontanée et intermittente. Il avait d'ailleurs une grande facilité ; mais il abandonnait immédiatement ce qui ne rendait pas du premier coup l'effet qu'il se proposait d'atteindre.

Édouard, au contraire, sans avoir à coup sûr les mêmes dispositions que son camarade, s'appliquait davantage à ce qu'il faisait. Il ne se lassait pas de renouveler ses efforts jusqu'à complète satisfaction.

Jamais il ne se décourageait ; et jamais non plus il ne flânait ni ne perdait une occasion de s'exercer dans son art.

— Eh bien ! tu en as une patience, lui dit un jour Lucien, qui lui voyait reprendre pour la dixième fois peut-être une ébauche mal réussie.

— Que veux-tu, mon cher, on m'a appris qu'à force de forger on devient forgeron.

— Forgeron ? c'est possible ! Mais pas artiste.

— Il me semble pourtant qu'au fur et à mesure que je travaille je sens les difficultés s'aplanir.

— Tu m'étonnes! car, pour moi, on naît artiste, on ne le devient pas.

— Je crois aussi que le sentiment de l'art est inné; mais je suis sûr que la bonne exécution s'acquiert par la pratique.

— Dans tous les cas, un véritable artiste doit attendre l'inspiration pour se mettre à l'œuvre. N'est-ce pas ton avis ?

— Non! Je reconnais qu'on exécute mieux ce qu'on conçoit avec goût ; mais je suis persuadé qu'il faut quelquefois se faire violence et forcer un peu la pensée rebelle, sinon on risquerait de tomber dans la contemplation, puis dans l'oisiveté.

— Je vois que nous ne jugeons pas de même, l'avenir nous dira lequel de nous deux a raison.

Trois ans plus tard, ô surprise! Édouard remportait la médaille au concours, à la grande déception de Lucien, qui ne recueillait pas la moindre mention.

Les années ont passé.

A force de volonté et de persévérance au travail, Édouard s'est fait un nom bien connu comme portraitiste. Non seulement il saisit la ressemblance ; mais il la fixe sur la toile en une peinture savante et solide.

Quant à Lucien, il attend toujours l'inspiration qui, à force de se reposer, est devenue de plus en plus paresseuse.

N'est-ce pas une preuve que, même dans l'art, un travail assidu et régulier amène des progrès, et presque toujours les meilleurs résultats ?

Aimez les métiers, le mien et les vôtres !
On voit bien des sots, pas un sot métier ;
Et toute la terre est comme un chantier
Où chaque métier sert à tous les autres,
Et tout travailleur sert le monde entier !

JEAN AICARD.

(*La Chanson de l'enfant.* — Flammarion, édit.).

LA PROPRETÉ ET LES SOINS DOMESTIQUES

PROPRETÉ ET SANTÉ, RESPECT DE SOI-MÊME ET D'AUTRUI

A. — L'HYGIÈNE.

C'est au XIXe siècle surtout que l'on a compris l'utilité de l'hygiène et que l'on a prôné les méthodes saines et hygiéniques qui permettent de justifier l'aphorisme des anciens : « Une âme saine dans un corps sain. »

XL

La Malpropreté d'Eugène

La maman du petit Eugène avait dû partir précipitamment pour un voyage obligatoire, et la maison se trouva complètement désorientée.

L'enfant, plus qu'un autre, allait se ressentir de cette absence. Privé de l'aide maternelle, il devrait s'habiller seul et cela augmentait son ennui.

Toutefois, à cet état de choses, Eugène entrevoyait une légère compensation : la suppression presque complète de l'usage de l'eau. Mme Lorin, en faisant elle-même la toilette de son fils, n'épargnait guère les ablutions, au grand désespoir du petit bonhomme.

Il résistait, se débattait, et il fallait l'inépuisable patience de sa mère pour en venir à bout.

Eugène était plein de mauvaises raisons pour éviter cette cérémonie. Un jour, il prétendait être, à part les mains, d'une propreté exemplaire ; une autre fois, il assurait que c'était chose inutile, la toilette de la veille ayant été « si bien faite ».

Et pourtant, il venait d'avoir sept ans !

On devine donc que, livré à lui-même, le petit garçon ne passa pas de longs instants devant son lavabo. Quelques gouttes d'eau sur le coin d'une serviette dont il se frotta le bout du nez, et voilà notre bambin satisfait, disant :

— Je suis très bien comme cela.

Malheureusement, lorsqu'il se mit à faire ses devoirs, les mains qu'il trouvait d'une netteté suffisante, laissaient des traces fort visibles sur le cahier ; et les livres eurent aussi à pâtir de leur contact, si bien que son maître le réprimanda et le punit.

De leur côté, ses camarades le tournèrent en ridicule, à cause de certaine barre d'encre qui lui ornait fâcheusement le front.

Tout triste, le pauvre Eugène commença à réfléchir sur les inconvénients de la saleté.

Quand Mme Lorin rentra, son premier mouvement fut naturellement d'embrasser son fils; mais elle recula stupéfaite devant une chevelure en broussailles et un visage marbré de taches.

L'enfant fut plus sensible à ce muet reproche qu'à tout le reste. Il fondit en larmes, et s'écria :

— Oh! maman, tu verras comme je serai propre, maintenant, pour que tu m'embrasses !

— C'est une bonne résolution, car la malpropreté vous rend répugnant et malade.

— Oh! malade!

— Certainement! Il importe beaucoup de débarrasser la peau des impuretés qui s'y déposent. De même que nous respirons par les poumons, nous respirons aussi par les millions de petites ouvertures que forment les pores. Tout a besoin d'air libre. Le lavage soigneux et abondant, comme la propreté et l'aération des chambres constituent les meilleurs éléments de l'hygiène, cette science qui aide avant tout à la bonne santé. Maintenant que tu es assez grand pour comprendre, je te laisserai le soin de ta personne, en te le signalant comme un devoir qu'il faut accomplir avec conscience.

De ce jour, Eugène fit de scrupuleuses ablutions et tint à honneur d'être le plus propre de tous ses camarades.

Paul, enfant très malpropre, et qui se croyait beau,
Prit une fleur dans un ruisseau.
Quelqu'un lui dit, comme il faisait la moue :
« — Qu'as-tu donc ? — Elle sent la boue !
— C'est que, vois-tu, sans propreté,
Plus de fraîcheur ni de beauté. »

LUCIEN TRAUTNER.

(*Le Livre des petits enfants.* — Hachette et Cie, édit.)

Tableau n° 13
LA PROPRETÉ ET LES SOINS
DOMESTIQUES

❋ ❋ ❋

B.

La Négligence
de Léonie

B. — LA PROPRETÉ.

Léonie est vaillante, et aucun travail, si salissant qu'il soit, ne la rebute... Si elle était plus soigneuse, elle serait une parfaite ménagère.

XLI

La Négligence de Léonie

La jeune Léonie possédait de nombreuses qualités; mais, elles étaient bien affaiblies par un défaut capital : le manque absolu de soins.

Mangeait-elle une tartine de confiture? Léonie s'en barbouillait la figure d'une oreille à l'autre. Le nez et le menton n'étaient point oubliés. Le tablier même avait son compte.

Dès qu'elle écrivait, l'encre était répandue de tous côtés, aussi bien sur les livres et les cahiers que sur les doigts et les vêtements.

Dans les jeux avec ses camarades, elle rapportait toujours quelque tache ou quelque accroc.

Lorsqu'elle sortait par le mauvais temps, elle tenait son parapluie tout de travers, et piétinait à plaisir dans l'eau et dans la boue.

Sa mère lui prodiguait les observations; rien ne réussissait.

— A l'avenir, lui dit un jour cette bonne Mme Dausset, tu cireras toi-même tes chaussures, tu verras comme c'est peu agréable.

Léonie crut que c'était une vaine menace; mais le lendemain elle dut s'exécuter.

La voilà à l'œuvre, prendra-t-elle au moins quelques précautions? Ce n'est pas son habitude. En enlevant la boue de ses bottines, elle la fit tomber sur le carrelage de la cuisine, et laissa choir maladroitement le pinceau à cirage par terre.

Quand la maman vint, Léonie, fière de son ouvrage, lui montra des chaussures vraiment très brillantes.

— C'est fort bien! Seulement, regarde le gâchis que tu as fait sur le sol. Il faut maintenant balayer toute cette poussière et laver les carreaux noircis.

Léonie poussa un soupir; mais le ton de sa mère n'admettait pas de réplique.

Tout en réparant le dommage causé par sa négligence, la petite fille maugréait. Mme Dausset l'entendant lui dit :

— Tu ne peux t'en prendre qu'à toi, ma pauvre enfant, de

tout ce qui t'arrive. Si tu avais décrotté tes chaussures au-dessus du seau à ordures, que tu eusses mis un vieux papier sous la boîte et le pot à cirage, tu aurais eu moins de besogne.

— C'est vrai ! Je n'y ai pas pensé.

— Tout est là. D'autre part, si tu avais, par un tablier de cuisine, protégé tes vêtements des éclaboussures, tu n'aurais pas dû les porter défraîchis tout le reste du jour.

— Oh ! ce n'est rien, cela, maman, fit l'étourdie en se secouant vainement.

— Je trouve, moi, que c'est beaucoup, car apprends, fillette, que ceux qui se respectent tiennent à être propres aussi bien pour eux-mêmes que lorsqu'ils doivent se présenter devant les autres. Sais-tu pourquoi certain animal à groin a été déclaré immonde et placé au dernier rang de son espèce?

— Oh ! oui, maman ! oui, maman ! s'écria Léonie, paraissant soudain éclairée, c'est parce qu'il se plaît dans la fange...

— Et qu'il en porte toujours les traces, ajouta Mme Dausset. Que ne voudrait-on faire pour ne pas lui ressembler !

A partir de ce moment, Léonie s'appliqua à se corriger, et devint, avec le temps, la plus soigneuse des petites filles et la meilleure des jeunes ménagères.

Mademoiselle, vous voilà ?
Mais quelle conduite est-ce là ?
A midi... pas même habillée?
C'est que, comme un sabot, dormant,
Au lit, plus que probablement,
Vous vous êtes trop oubliée.

Puis, aussi, vous avez rêvé
Que quelqu'un vous avait lavé
Et la figure et les oreilles,
Puisque vous n'en avez rien fait !...
Fi ! cachez-vous !... Il me déplaît
De reprocher choses pareilles
A quelqu'un qui va sur sept ans...

Au reste, depuis quelque temps,
De vous, je suis très mécontente :
Vous n'êtes alerte qu'au jeu...
Mais, s'il faut travailler un peu,
Vous vous montrez fort nonchalante...

AMÉLIE PERRONNET.

(*L'Art d'être Grand'mère.* — A Picard et Kaan, édit.)

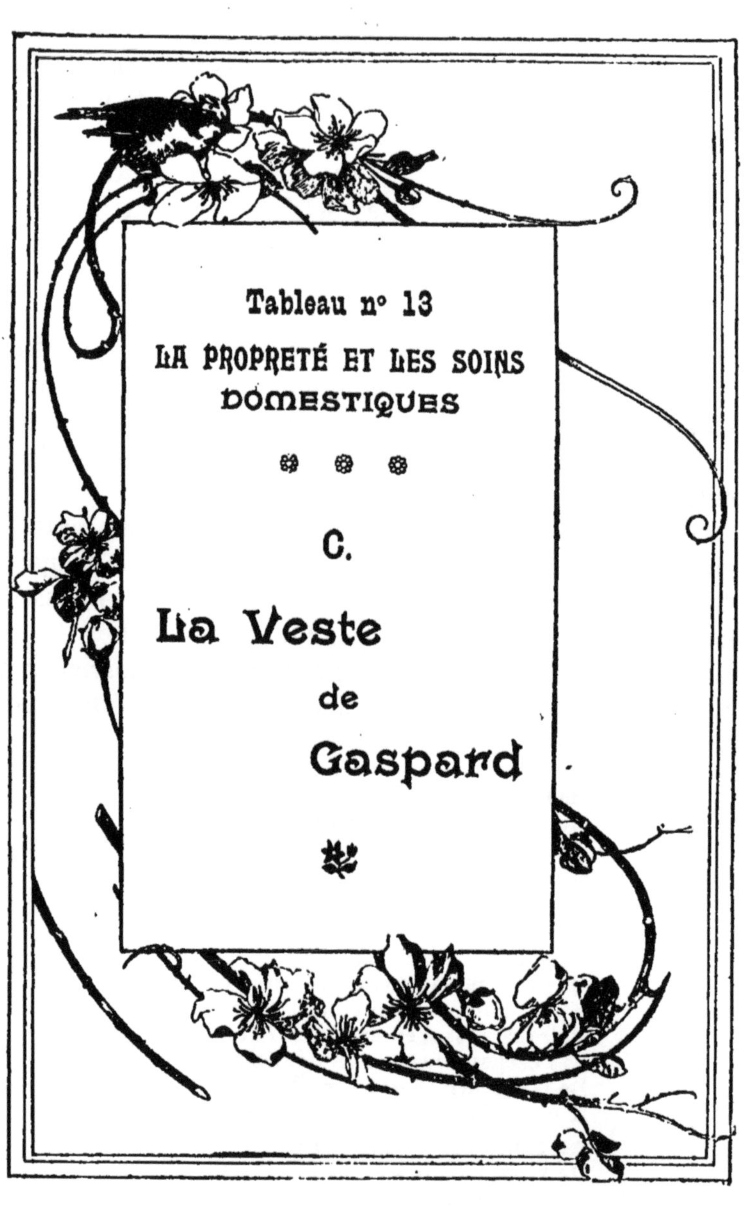

Tableau n° 13

LA PROPRETÉ ET LES SOINS
DOMESTIQUES

* * *

C.

La Veste

de

Gaspard

C. — LE TRAVAIL.

Fanny a bien des qualités mais elle est paresseuse ! Et pourtant que de joies et d'aisance assure le travail!.. Heureusement que Fanny aime beaucoup sa mère, et, pour lui faire plaisir, raccommode consciencieusement ses bas.

XLII

La Veste de Gaspard

La petite Fanny est chargée de raccommoder ses bas. Cet ouvrage l'ennuie beaucoup; elle cherche le plus possible à s'en dispenser et préférerait aller jouer avec ses amies.

Un jour elle vit une paire de bas qui n'avaient que de légères usures.

— Oh! se dit-elle, ce n'est pas la peine de prendre une aiguille pour si peu, je les mettrai comme ils sont.

Mais lorsqu'elle les retira, elle fut toute surprise de s'apercevoir que les déchirures étaient devenues énormes, ce qui lui promettait un travail beaucoup plus long et plus difficile.

— Comment se fait-il, lui demanda sa mère, que ces bas presque neufs sont déjà si troués?

— Je ne sais pas, maman.

— Ils n'avaient pas le moindre point échappé quand tu les as mis, je suppose?

— C'était imperceptible.

— Pourtant tu avais vu quelque chose.

L'enfant baissa la tête sans répondre.

— Est-ce que ma fille voudrait faire comme Gaspard?

— Qu'a-t-il fait? questionna la petite, intriguée.

— Gaspard avait une belle veste neuve. Il y fit un jour un accroc et pensa :

« Je la ferai réparer demain. »

Puis il l'oublia. Le lendemain, en se rendant à son travail, il ne prit pas garde à une clé qui se trouvait sur une porte et qui s'engagea dans l'étoffe.

Crac ! la déchirure s'agrandit. Il y mit une épingle pour achever sa journée.

Le jour suivant, les bords de l'étoffe étaient effrangés, l'épingle avait fait elle-même un nouveau trou, et le mal était irréparable. Gaspard avait ainsi, par sa coupable négligence, gâté un vêtement dont le prix représentait pour lui la valeur de bien du travail.

Fanny, devenue toute rouge à ces paroles, s'écria :

— Maman, tu peux être certaine que cette leçon me profitera.

— Je veux le croire, et penser que ce n'était de ta part qu'une faute d'inattention.

Depuis lors, il se fit en Fanny un changement radical.

Ses bas, lorsqu'ils revenaient du lavage, étaient soigneusement examinés. Elle séparait les bons des mauvais qui, placés dans une corbeille, attendaient leur tour de raccommodage. Bien mieux, elle étendit ses soins à ceux de sa mère.

Aussitôt que la petite fille avait un moment de liberté, elle courait vers la fameuse corbeille et tenait à honneur que tout fût en bon état.

La maman, fort heureuse de cette modification, lui en fit des compliments.

— C'est là pour toi, ajouta-t-elle, l'apprentissage du rôle de la bonne ménagère. Celle-ci, en effet, doit avoir l'œil à tout et visiter soigneusement le linge et les vêtements, se rappelant toujours que nulle précaution n'est futile quand elle a pour but l'ordre dans la maison.

Il n'est point de peine perdue
Et point d'inutile devoir ;
La récompense nous est due
Si nous savons bien la vouloir.

Le moindre effort l'accroît sans cesse,
Surtout s'il a fallu souffrir.
Travaillez donc, et sans faiblesse :
Ne plus travailler, c'est mourir.

V. DE LAPRADE.

(*Le Livre d'un père.* — Hetzel et Cie, édit.).

Tableau n° 13
LA PROPRETÉ ET LES SOINS
DOMESTIQUES
D.
Ménagères
en
Herbe

D. — A LA CANTINE SCOLAIRE.

Être travailleuse, propre et ordonnée ne suffit pas toujours ; il
faut encore apprendre à devenir une bonne ménagère.

XLIII

Ménagères en herbe

La directrice d'une école de petites filles de Paris disait un jour à ses élèves :

— Mes chères enfants, il ne vous suffit pas d'avoir un certificat d'études, votre instruction ne sera complète que si vous savez placer, à côté des connaissances de l'esprit, celles qui feront de vous de bonnes petites ménagères. Pour vous exercer à le devenir, je tiens à ce que chacune à son tour mette le couvert et même fasse la cuisine.

A ce dernier mot, un murmure s'éleva dans toute la classe :

— La cuisine !... Nous ne saurons pas !

— Catherine vous guidera, et vous apprendrez.

— Oh ! bien, moi, fit Noémie, je n'ai pas besoin de cela puisque nous avons une cuisinière.

— Elle peut vous manquer, objecta la maîtresse.

— Maman serait là.

— Et si votre mère était malade ?

— J'irais chez le pâtissier.

— Votre estomac, fillette, se trouverait bien peu satisfait de voir remplacer tout un repas par un dessert ; surtout si cet état de choses devait durer. Et, supposons qu'à la rigueur vous vous contentiez ainsi, croyez-vous que votre papa serait de votre avis ? Après une journée d'un travail plus ou moins pénible, n'éprouverait-il pas le besoin d'une nourriture plus substantielle que des gâteaux ? Et ne serait-ce pas le devoir de sa fille d'être capable de lui préparer à dîner ?

Noémie baissa la tête et murmura :

— Une besogne de domestique !...

— Que des souveraines parfois ne dédaignent pas, Mademoiselle !

L'étonnement se peignit sur tous les visages.

— N'avez-vous jamais entendu dire, chères petites, que l'impératrice régnante d'Allemagne se plaît à confectionner de ses mains des mets qui doivent paraître sur la table de son royal époux ?

La stupéfaction redoubla.

— Chez nous, continua la directrice, on vit Madame de Maintenon inventer les côtelettes en papillotte pour complaire à Louis XIV ; et Napoléon, le vainqueur de Marengo, préparer en personne, la veille de la bataille, le poulet fameux dont la recette a gardé le nom de sa victoire.

— Ah! le poulet marengo, s'écria une des élèves, je crois que je saurais le faire.

— Eh bien, Juliette, c'est vous qui commencerez le feu, mettez-y tous vos soins ; tâchez de vous rappeler la devise du parfait cordon bleu :

« Bien cuit, mais pas brûlé ».

Et puisque vous avez été la première dans votre dernière composition, c'est le cas de prouver à Noémie que l'on peut à la fois faire un bon devoir et réussir une bonne sauce.

Quand paraît la ménagère,
  La lumière
Semble entrer dans la maison ;
Le feu pétille et s'agite,
  Et plus vite
L'oiseau siffle sa chanson.

Dans le logis, son royaume,
  Tout embaume ;
On sent une bonne odeur
D'abondance et de bien-être
  Qui pénètre
Et qui réjouit le cœur.

ANDRÉ THEURIET.

(*La Vie rustique.* — J. Taillandier, édit.)

L'ÉPARGNE ET LA PRÉVOYANCE

ENFANCE PRÉVOYANTE, VIEILLESSE HEUREUSE ET HONORÉE

L'ONCLE DENIS.

— Mes enfants, prenez dès votre jeune âge le chemin de la caisse d'Épargne : votre argent, en grossissant et s'accumulant, vous servira plus tard à vous tirer d'un mauvais pas ; il vous permettra aussi de faire le bien en obligeant vos parents ou vos amis, ou simplement de pauvres déshérités.

XLIV

L'Oncle Denis

M. Denis, satisfait du travail de ses neveux, leur donna un jour quelque argent. Les trois enfants furent enchantés et remercièrent avec effusion.

Ils s'éloignaient déjà quand le bon oncle les rappela pour leur dire :

— Je suis curieux de savoir quel emploi vous allez faire de votre récompense ?

— Moi, répondit Raoul, je vais acheter un pistolet et un ballon.

— Moi, déclara sa sœur, je vais chez le confiseur et j'achèterai des bonbons *chers*.

— Jacques fera-t-il comme ses cousins ?

— Oh ! répartit le petit garçon tout fier. moi, j'ai une tirelire.

— Voilà qui est déjà mieux. mais non encore parfait.

— Je grossis ma somme, se récria Jacques.

— Moins vite pourtant que si tu la déposais à la Caisse d'Epargne, où, faute de l'avoir sous la main, tu ne serais pas tenté de la dépenser pour une fantaisie, et où elle te rapporterait de l'intérêt.

— C'est bon quand on est grand de penser si bien, fit observer Raoul.

— Eh ! Eh ! il n'est jamais trop tôt de commencer à bien faire; et l'économie est chose indispensable. Un proverbe ne dit-il pas : « Quand on mange son blé en herbe. on ne recueille plus rien au temps de la moisson ». Lorsque Angèle aura mangé ses bonbons, que lui restera-t-il ? Raoul aura des jouets dont il se lassera vite ou qu'il cassera. Jacques, tout en gardant ce qu'il a, néglige de le faire fructifier. Ce n'est pas là songer à l'avenir.

— Je croyais, remarqua Jacques, qu'il fallait beaucoup d'argent pour mettre à la Caisse d'Épargne.

— On peut porter un franc à la fois; et vous avez des caisses scolaires qui reçoivent jusqu'à dix centimes.

— Ça apprend à devenir avare, dit Angèle.

— Il y a, chère petite, une énorme différence entre l'économie et l'avarice. L'avare est celui qui vit dans l'égoïsme, conserve son bien pour le seul plaisir de le posséder, et son argent pour le compter. L'homme qui épargne, au contraire, ayant toujours « une poire pour la soif », peut, à l'occasion, la partager avec un parent ou un ami malheureux. L'économie faite souvent au prix de quelques privations, lui fournit des ressources pour pratiquer le bien, ce qu'il n'aurait pu s'il n'avait tout dépensé.

— Alors, conclut Angèle avec un air tout déconfit, on ne peut jamais acheter de bonbons !

— Ni de jouets ! insista Raoul.

— Je ne prêche l'exagération en rien, répliqua M. Denis, en souriant. Je ne vous dis pas de bannir tout plaisir, pas même le plus noble de tous, celui de faire, à l'occasion, la charité. Je veux seulement vous engager à réserver, à présent, une part à la prévoyance. L'habitude prise dès l'enfance est plus facilement continuée à l'âge où l'on gagne par son travail. Quand arrive la vieillesse, trop souvent accompagnée d'infirmités, on se trouve à l'abri du besoin, au lieu d'être réduit à la pénible extrémité de tendre la main à ses semblables. Tenez, mes petits, venez: de ce pas je vous emmène tous les trois prendre un livret.

« Misérable fourmi, disait la mouche fière,
Pauvre et vil animal que le travail tuera ;
Pour moi le doux loisir, la cour, la bonne chère !
— Adieu, dit la fourmi ; mouche, l'hiver viendra. »

VAUDIN.

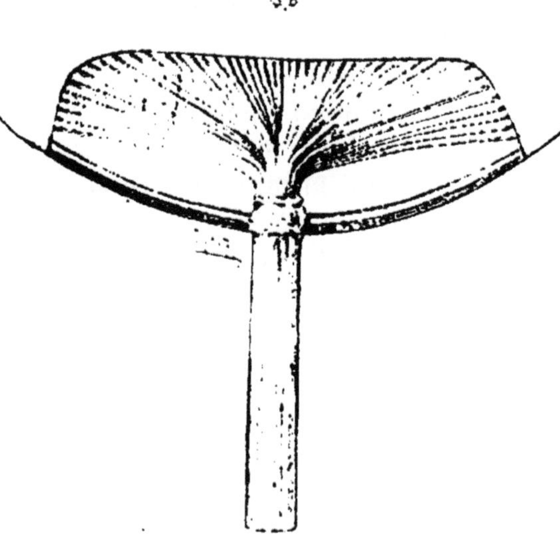

Tableau n° 15 : LE COURAGE

SANG—FROID DANS LE DANGER :
VICTOIRE ASSURÉE

Presence d'Esprit

PRÉSENCE D'ESPRIT.

Quel que soit le danger et quelle que soit sa soudaineté, le sang-froid suffit presque toujours à l'écarter ; et s'il y a lutte, il assure la victoire, car il laisse à l'homme la plénitude de ses qualités physiques et morales.

XLV

Présence d'esprit

La chaleur d'un jour d'été était accablante. Il était midi et Francis, après avoir déjeuné, s'en allait tranquillement à l'école. Tout en marchant, il fredonnait et faisait des moulinets avec son bâton; puis, le lançait en l'air et le rattrapait.

Au loin, sur la route poudreuse, il voyait la petite Lilie cueillir des fleurs près du chemin.

— Tiens, pensa Francis, tout en avançant, comment se fait-il qu'elle soit là toute seule? Je vais lui demander où sont ses parents.

Il n'en était plus loin lorsque le bébé se mit à pousser des cris perçants.

— Que peut-elle bien avoir? se dit le jeune garçon.

Au même instant, il aperçut un gros chien, la bave aux lèvres, qui se dirigeait vers l'enfant.

Francis comprit que l'animal était enragé et que le péril pressait. Il accourut et se plaça résolument entre le chien et Lilie.

— N'aie pas peur, lui dit-il, je saurai bien te défendre.

Et, de son bâton, il menaçait la bête dangereuse qui les regardait avec des yeux injectés de sang, tout en poussant de terribles grognements.

N'osant attaquer d'abord, le chien peu à peu paraissait prendre son élan pour se jeter sur eux. Mais aussitôt Francis lui assène sur le museau un vigoureux coup de bâton qui le fait reculer en hurlant de douleur.

Prévoyant une nouvelle attaque, le jeune garçon se prépare avec sang-froid à la riposte. Dès que l'animal approche, Francis le frappe à nouveau. Le chien veut mordre; il reçoit un autre coup bien appliqué.

Lilie, qui s'était tue jusque-là, glacée de terreur et se cramponnant à la veste de son défenseur, retrouva tout à coup la voix et se reprit à crier avec vigueur.

La bête, excitée par ces clameurs, redouble de violence. Le courageux Francis ne perd pas la tête et continue à lutter; mais ses forces commencent à faiblir. Il se raidit contre la fatigue comprenant ce qu'il adviendrait s'il s'abandonnait.

Soudain une voix se fait entendre :

— Tiens bon ! J'arrive.

Peu après l'animal, tombait frappé à mort d'un coup de fourche.

Il était temps : Francis épuisé par l'effort et l'émotion allait s'évanouir.

— Ah ! enfin ! il y est ! soupira-t-il avec satisfaction, en voyant son ennemi étendu à ses pieds.

Puis, reconnaissant le père de Lilie :

— Quoi ! c'est vous, Monsieur Germain ?

— Oui, mon garçon ; et je puis bien dire que, sans toi, je n'aurais plus d'enfant. Tu es un brave petit homme, je ne sais comment te remercier.

— Par quel hasard êtes-vous venu ?

— J'ai entendu les cris de Lilie, et j'ai pensé qu'il y avait quelque chose. C'est égal, vois-tu, je n'oublierai jamais comment tu as agi.

— C'était bien naturel, tout le monde en aurait fait autant à ma place.

— Ta, ta, ta ! Tout le monde n'aurait pas eu cette présence d'esprit. Je te dis moi que tes parents peuvent être fiers de toi et satisfaits de te voir montrer tant de vaillance.

L'homme courageux ne recherche pas le péril ; il se contente de l'affronter froidement, résolûment, si le devoir le veut. Et ce sang-froid du vrai courage est d'accord avec la prudence ; c'est la meilleure condition pour ne pas périr.

Ludovic Carrau.

(De l'Éducation. — A. Picard et Kaan, édit.)

CE QUE NOUS SEMONS DANS L ENFANCE,
NOUS LE RÉCOLTERONS DANS L'AGE MUR.

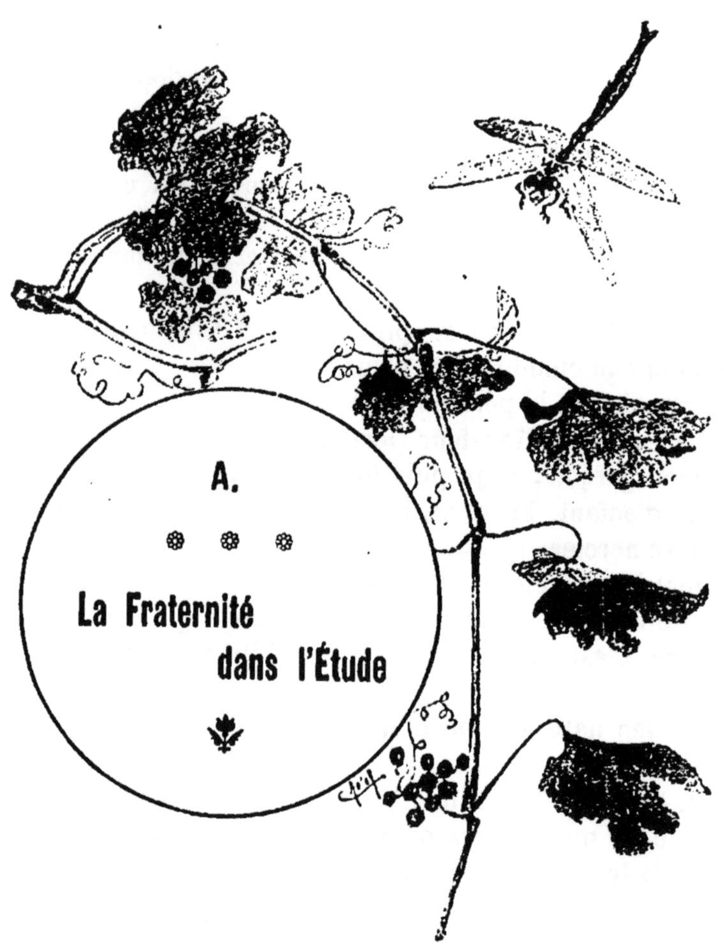

.1. — LA FRATERNITÉ DANS L'ÉTUDE.

Si tous les gens instruits étaient comme Louis Derval, que de braves ouvriers acquerraient de précieuses connaissances qui leur permettraient d'améliorer leur situation ! Redingotes et blouses doivent fraterniser sur les bancs de l'école pour la diffusion de la connaissance du Beau et du Vrai.

XLVI

La Fraternité dans l'étude

Louis Derval, étudiant en lettres, se rendait un jour comme d'habitude à son cours. Absorbé dans ses pensées, au moment de traverser une rue, il ne voyait pas un cheval lancé à une vive allure, qui se dirigeait vers lui.

Il descendait le trottoir quand un cri, à ses côtés, le fit reculer.

— Attention donc! vous là! Vous allez vous faire écraser.

C'était la voix d'un ouvrier.

— Je vous remercie, dit Louis en soulevant son chapeau.

— Il n'y a pas de quoi.

— Vous venez de me rendre un grand service, au contraire. Mais... il me semble vous connaître, n'êtes-vous pas?...

— Pierre Gontois, dit simplement l'homme du peuple. Et vous?.

— Moi, Louis Derval, tu sais bien, ton ancien camarade de l'école communale.

— Oh! ce n'est pas possible! Je ne vous... Je ne t'aurais jamais reconnu.

— C'est ma barbe qui me change. Mais, dis-moi, que fais-tu?

— Je suis serrurier. Et toi?

— Après mon certificat d'études, j'ai obtenu une bourse pour le lycée; maintenant, je suis à la Faculté des Lettres et j'espère, plus tard, devenir professeur.

— Tu as de la chance! J'aurais bien voulu apprendre aussi, ce n'est pas l'envie qui me manquait: mais tu sais que j'ai toujours eu la tête dure.

— Cela dépend pour quoi. Je me rappelle que tu étais bien plus fort en calcul que moi.

— Ah oui ! J'avais toujours rêvé d'être mécanicien ; mais maintenant il est trop tard, je travaille toute la journée et n'ai plus le temps d'apprendre.

— Il n'est jamais trop tard ! Tu as les cours d'adultes et les conférences, qui se font le soir et gratuitement.

Et Louis donna à Pierre tous les renseignements nécessaires. Puis ils s'éloignèrent chacun de leur côté, en se serrant la main et en se promettant de se revoir.

La première fois qu'ils se retrouvèrent, Pierre fit part de sa joie à son ancien camarade. En effet, grâce aux connaissances acquises dans les conférences, il était devenu contremaître.

Louis le félicita et l'engagea à persévérer.

Enfin, un matin que l'étudiant se dirigeait vers la Faculté, il rencontra Pierre, accompagné d'un ami.

— Tu vois, dit-il, je fais de la propagande et je rends à Eugène le service que tu m'as rendu, je le conduis à l'Université populaire pour qu'il s'y inscrive.

— C'est parfait.

— Oui, si les gens instruits étaient comme toi, pleins de bienveillance et d'obligeance, il y aurait beaucoup moins d'ignorants.

— Je pense qu'on doit toujours s'entr'aider et que la fraternité trouve l'occasion de s'exercer dans l'étude comme partout ailleurs.

Celui qui, dans l'étude, a mis sa jouissance
Garde sa pureté, ses mœurs, son innocence ;
Le miroir de sa vie est riant à ses yeux :
Les jours ne sont pour lui que des moments heureux.
Pauvre, libre, content, sans soins et sans envie,
Dans un lieu de son choix, il jouit de sa vie ;
Et quand le terme vient, il passe sans effort
Du calme de l'étude au calme de la mort.

LEBRUN.

Tableau n° 16

DEVOIRS SOCIAUX

B.

Le Danger

du Mensonge

B. — DANGER DU MENSONGE.

Comme Guillot doit regretter ses mensonges! Il se souviendra désormais que si l'on remarque en vous peu de sincérité, l'on ne vous croira pas, même lorsque vous direz la vérité.

XLVII

Le Danger du Mensonge

(D'après Richer.)

Guillot était un jeune villageois qui gardait les moutons.

Il allait souvent conduire son troupeau sur la lisière d'un bois.

Un jour qu'il voyait des travailleurs occupés dans les champs, l'idée lui vint de leur jouer un tour de sa façon. Il s'ingéra de crier avec force :

— Au loup ! Au loup !

A cet appel rempli d'alarme, tous les campagnards se hâtèrent d'accourir, qui avec une faux, qui avec un bâton pour porter secours à Guillot.

Celui-ci, à leur approche, partit d'un grand éclat de rire.

— Ah ! Ah ! Ah ! la bonne histoire ! Peut-on être si crédule et se laisser duper ainsi ! D'ailleurs, il n'y a pas de loups dans le pays ; et, y en eût-il que je serais bien de taille à les mettre en déroute.

Chacun s'en retourna furieux, jurant qu'on ne l'y reprendrait plus.

Pendant ce temps, le farceur continuait à s'égayer de la déconvenue générale.

Tout le pays connut bientôt la manière dont Guillot s'était conduit, et s'unit dans un même ressentiment.

A quelque temps de là, le berger se trouvant dans le même champ, aperçut, entre les arbres bordant la forêt, deux yeux flamboyants braqués sur lui.

— Qu'est-ce que cela ?

Il appelle son chien.

Celui-ci hurle lugubrement et se tient sur ses gardes.

Guillot, à ce signe, reconnaît la nature de l'ennemi, et terrifié, clame :

— Au loup ! Au loup !

Ce cri est entendu des villageois environnants.

— Eh ! eh ! se disent-ils entre eux, voilà encore le menteur Guillot qui veut s'amuser à nos dépens.

Un second appel, plus pressant, retentit.

— Ah ! ah ! ah ! font les paysans riant à leur tour, tu peux t'égosiller, l'ami, c'est peine perdue, nous ne bougerons pas plus qu'une borne.

Et personne, en effet, ne se dérangea.

Cependant, cette fois, c'était vraiment un loup de forte race, qui s'abattait sur le troupeau.

Le pâtre voulut en vain essayer de défendre ses moutons, il fut renversé par la bête féroce, qui le mordit cruellement.

Le pauvre Guillot revint au village, traînant la jambe et pleurant ses brebis, dont la moitié gisaient étranglées sur le terrain.

Ah ! combien il put regretter sa sottise, surtout en voyant le peu de pitié qu'il inspirait.

Enfant, tu grandis : que ton cœur soit fort !
Lutte pour le bien : la défaite est sainte.
Si tu dois souffrir, accorde à ton sort
Un regret parfois, — jamais une plainte.

Écris, parle, agis, sans peur du danger,
L'univers est grand : que ton œil y plonge !
Tu pourras faillir, même propager
Une erreur parfois, — jamais un mensonge.

EUGÈNE MANUEL.

(*Poésies du Foyer et de l'École.* — Calmann-Lévy, édit.)

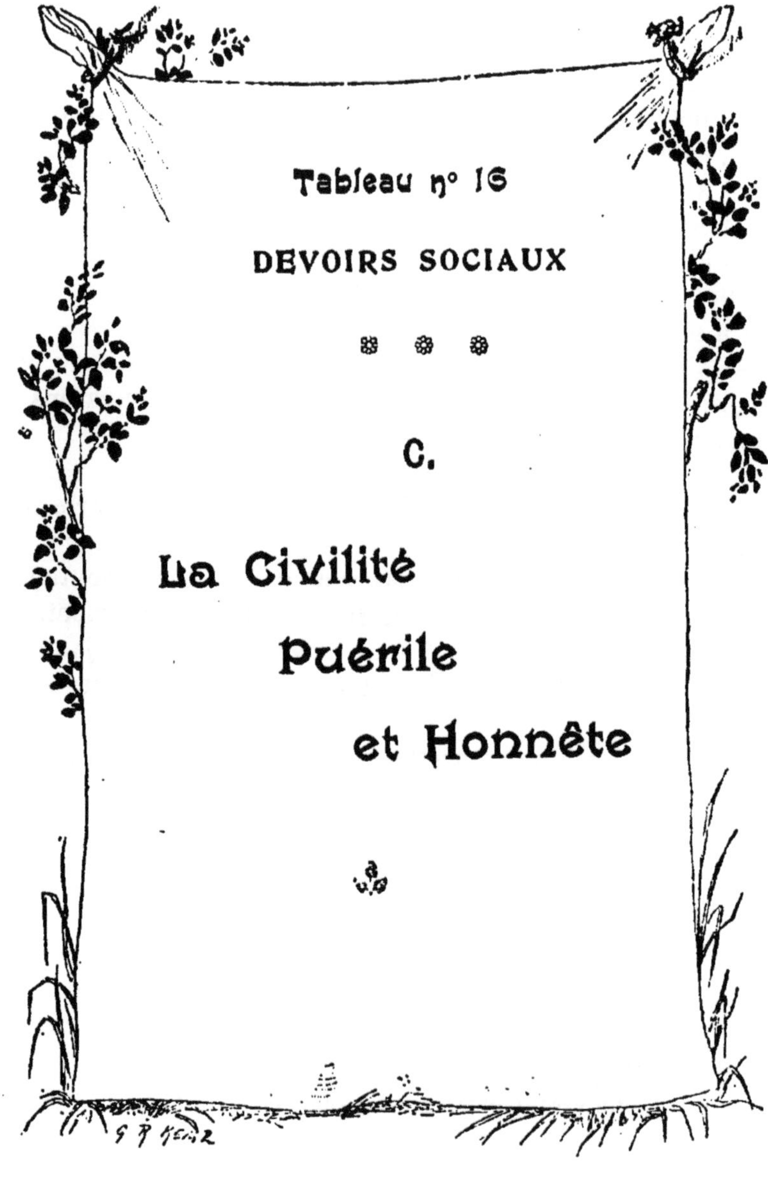

Tableau n° 16

DEVOIRS SOCIAUX

* * *

C.

La Civilité

Puérile

et Honnête

C. — LA POLITESSE.

Hugues et Madeleine savent que l'on doit être poli avec tout le monde, et bien que Mme Pergaud ne leur plaise point, ils s'empressent auprès d'elle. Leur maman pourra être fière des compliments qu'on lui adressera pour leur politesse.

XLVIII

La Civilité puérile et honnête

— Ecoute, disait Hugues à Madeleine ; j'ai trouvé un livre qui va bien t'amuser. C'est *La civilité puérile et honnête.*

— Quel drôle de titre !

— Le titre n'est rien, comparé à ce qu'on y lit, surtout dans le chapitre intitulé : « De la Table ». Ecoute :

« On doit s'essuyer la bouche avant de boire, comme aussi éviter de prendre le verre de son voisin pour s'y désaltérer. »

— Mais tout le monde sait cela !

— Ce n'est pas fini, que diras-tu de la suite ?

« Ne brandissez ni votre fourchette ni votre couteau en gesticulant, de crainte d'éborgner quelqu'un. — Quand il y a des os dans votre assiette, ne les jetez pas sous la table ou par-dessus votre épaule... »

— Ah ! ah ! ah ! fit Madeleine éclatant de rire, en voilà des recommandations !

— Je continue.

« Il ne faut pas s'essuyer les mains avec la nappe, ni se moucher dans sa serviette. »

— Cette fois, tu inventes.

— Regarde plutôt.

— Allons demander à maman pourquoi on met des choses pareilles dans un livre.

Mme Dumont, questionnée, répondit :

— Il n'est pas de règles négligeables dans le savoir-vivre. Ces recommandations qui vous semblent « puériles » peuvent servir à quelques personnes. Je suis sûre que la lecture de certains autres chapitres pourrait être profitable à un petit garçon et à une petite fille de ma connaissance, qui y trouveraient des conseils utiles sur la manière de recevoir les visiteurs.

Hugues et Madeleine, tout confus, baissèrent le nez.

— Ils y verraient, continua la mère, qu'il est très impoli de fuir à toutes jambes devant les nouveaux arrivants, de ne pas même les saluer, et de prétexter sa timidité pour ne pas répondre aux questions qu'ils ont l'obligeance de vous adresser.

— Oh! maman, protesta Hugues, l'autre jour c'était Mme Pergaud, elle est si ennuyeuse à toujours faire de la morale.

— Mme Pergaud est une excellente personne, que j'estime beaucoup. D'ailleurs, comme elle n'occupe plus la brillante situation d'autrefois, votre attitude peut lui causer de la peine, si elle l'interprète comme une sorte de dédain. Alors l'impolitesse apparaît comme un manque de cœur.

— Mais, maman, nous n'avions pas pensé à cela, nous nous sommes sauvés pour éviter un sermon, rien de plus. Si nous avions su!...

— Bon! vous avez compris; vous n'oublierez plus à l'avenir qu'on doit toujours être poli, c'est-à-dire faire abstraction de ses aises au profit d'autrui et s'oublier pour lui plaire.

A quelques jours de là, en l'absence de Mme Dumont, on introduit Mme Pergaud.

Madeleine, aussitôt, lui souhaite le bonjour et approche une chaise avec empressement.

Hugues, qui était dans le jardin, accourt, se découvre et salue la visiteuse en lui demandant des nouvelles de sa santé.

Lorsque Mme Dumont rentre, les petits se retirent discrètement. Pas assez vite pourtant pour ne pas entendre ces mots :

— Je vous félicite, Madame, vous avez des enfants charmants et très bien élevés.»

La politesse est à l'esprit
Ce que la grâce est au visage ;
De la bonté du cœur, elle est la douce image,
Et c'est la bonté qu'on chérit.

VOLTAIRE.

Tableau n° 16

DEVOIRS SOCIAUX

* * *

D.

Dans la

Rivière

D. — LE DÉVOUEMENT.

Sacrifier ses goûts, ses désirs, ses passions pour faire le bien, c'est beau ; mais faire le sacrifice de sa vie même, et ne pas hésiter à la risquer pour sauver celle d'autrui, c'est le plus beau des actes. Honneur aux braves sauveteurs !

XLIX

Dans la Rivière

Un beau jour de septembre, le jeune Daniel eut la pensée de faire une surprise à sa mère.

Mme Dubord aimait les champignons, et son fils savait que certain pré touchant à la rivière en produisait beaucoup, grâce à l'humidité favorable à leur éclosion.

Muni d'un panier, voilà donc Daniel parti pour en faire la récolte.

Quelle amusante cueillette! Et comme le petit garçon sautait avec ardeur d'un endroit à un autre, dès qu'il voyait poindre dans l'herbe verte la tête blanche et ronde du succulent végétal !

La corbeille de Daniel était déjà à demi pleine, quand il aperçut, près du bord opposé, la petite Rose, sa voisine, qui poursuivait un papillon.

— Prends garde! cria-t-il aussitôt en la voyant contre les roseaux de la rive.

Mais, quelque vif qu'eut été cet avertissement, il arrivait trop tard : l'enfant, tout occupée de sa chasse, avait mis le pied dans le vide, et était tombée à l'eau.

Le cri de détresse de la malheureuse Rose avait à peine retenti qu'elle se sentait emportée par le courant.

A cette vue, Daniel n'hésite pas. Il comprend le danger que court la petite fille; et, muet d'effroi mais rempli d'élan, il descend dans la rivière.

Le flot rapide entrave ses mouvements : il lutte avec vigueur, et, tout haletant, rejoint l'enfant.

Une main émerge, il la saisit, prend le corps et soulève la tête au-dessus de l'eau.

Mais, chargé de ce fardeau, il ne peut plus avancer, et difficilement se maintient sur place. Impossible de regagner le bord.

Ses efforts et son courage vont-ils demeurer inutiles?.....

A pleins poumons, Daniel appelle : « au secours! »

Personne ne vient.

Le pauvre enfant sent ses forces s'affaiblir, et regarde avec effarement la figure pâle de Rose dont les yeux se sont fermés. Il craint de la voir mourir.

Puisant dans sa frayeur une nouvelle énergie, il recommence hautement ses appels.

Une voix lui répond enfin; et un homme apparaît courant à toutes jambes. C'est Frédéric, le faucheur. Ah! qu'il se hâte!...

Daniel se raidit encore pour donner le temps à l'aide d'arriver.

Frédéric, à son tour, entre dans la rivière et parvient à en retirer Rose et son sauveur.

Enfin, grâce à des soins énergiques, la petite fille fut rappelée à la vie. Ses parents n'oublièrent jamais que c'était au dévouement du brave Daniel qu'ils devaient d'avoir conservé leur enfant.

Mme Dubord, elle aussi, se montre fière de ce fils qui vient de donner une preuve de tant de courage et de dévouement.

Elle le prend et le caresse,
Et dans ses bras elle le presse,
Son petit héros tout tremblant;
Puis, pour le consoler bien vite
Et calmer ce cœur qui palpite
Si fort, elle chante gaîment.

Mme DE PRESSENSÉ.

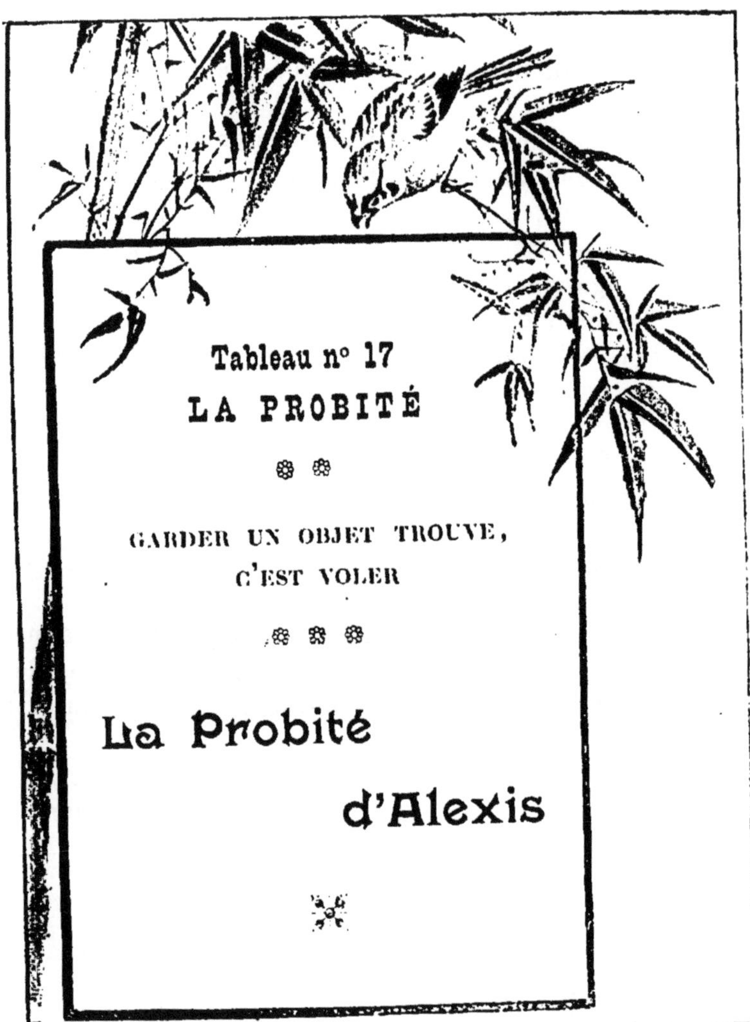

Tableau n° 17
LA PROBITÉ

GARDER UN OBJET TROUVE,
C'EST VOLER

La Probité
d'Alexis

LA PROBITÉ D'ALEXIS.

« Ah ! si je trouvais une belle somme ! », dit-on souvent... Mais ce serait une grave malhonnêteté que de songer à la garder, sans compter que l'on peut plonger dans le désespoir un malheureux qui peut n'avoir que de faibles ressources.

L

La Probité d'Alexis

Alexis et Berthe s'en allaient à l'école. Tout à coup, en marchant, le petit garçon dit à sa sœur :

— Regarde donc là-bas, je vois briller quelque chose.

Ils s'approchèrent, oh ! surprise ! C'était une montre avec sa chaîne.

— Elle est en cuivre bien sûr, dit la petite fille.

— Non, elle ne sent rien, c'est de l'or.

— Ah ! quel bonheur ! tu en as de la chance, comme tu vas être fier !

— Elle n'est pas à moi.

— Si, puisqu'elle n'est à personne.

— C'est ce qui te trompe, elle appartient à celui qui l'a perdue.

— On ne le connaît pas !

— On le cherchera.

— Comment ? Que vas-tu faire ?

— Je la porterai, en revenant, à M. le commissaire de police.

Tout en parlant ainsi, ils arrivèrent à l'école où chacun entra de son côté.

Pendant la classe, Alexis était très distrait et n'écoutait guère ce que disait le maître.

Il fouillait constamment dans sa poche pour s'assurer de la présence du précieux objet. Tout en y pensant, il se disait :

— Ce serait bien commode de toujours savoir l'heure. Berthe a raison, il n'y aurait peut-être pas grand mal à conserver ma trouvaille. Elle est si jolie !...

Puis il songea tout à coup :

— Celui qui a perdu cette montre doit être maintenant bien désolé, et serait assurément fort heureux de la retrouver. Plus je réfléchis, plus je crois que ce serait mal de la garder.

Quand la cloche sonna, sa décision était prise.

Aussitôt qu'il retrouva Berthe, il lui dit :

— Allons vite au commissariat.

— Je veux bien ; mais c'est égal, c'est dommage.

— Monsieur, dit Alexis en s'adressant poliment à l'agent de planton devant l'entrée, je vous rapporte cette montre que nous avons trouvée tout à l'heure.

— C'était là, dans la rue à côté, ajouta Berthe en indiquant la direction.

— Ah ! ah ! dit le sergent de ville d'un air aimable, entrez avec moi, nous allons raconter cela à M. le commissaire.

Le fonctionnaire écouta leur récit avec affabilité.

— C'est très bien, mes amis, dit-il, je vous félicite de votre probité ; je vois qu'on vous a appris que garder un objet trouvé c'est voler. Mais je dois vous dire que si, dans un an et un jour, à compter d'aujourd'hui, nul n'a réclamé cette montre, elle deviendra votre propriété. Allez, vous êtes de braves et honnêtes enfants.

A peine dehors, Berthe s'écria :

— S'il pouvait ne venir personne la demander, je serais joliment contente.

— Eh bien, pas moi ! Je souhaite de tout cœur qu'on la retire. Elle ne me fait plus envie du tout, maintenant, puisque j'ai failli, en la gardant, commettre une action malhonnête.

Et Alexis avait raison.

« Où donc avez-vous pris, voleur ! toutes ces pommes ?
— Sous un pommier ! — Hélas ! malheureux que nous sommes,
Ont crié les parents, nos petits sont voleurs ! »]
Alors les deux petits enfants fondent en pleurs :
« — Allez les rapporter où vous les avez prises ! »
En regrettant un peu ces belles pommes grises,
Ils retournent alors dans le champ de pommiers.
Mais il est grand ! — « C'était, je crois, sous les premiers !
— Non, c'est ici ! — Non, là. — Là, c'est d'un autre maître ! »
Et, penauds, ils se sont assis pleurant plus fort.
On ne peut pas toujours réparer tout son tort.

JEAN AICARD.

(*La Chanson de l'Enfant.* — Flammarion, édit.)

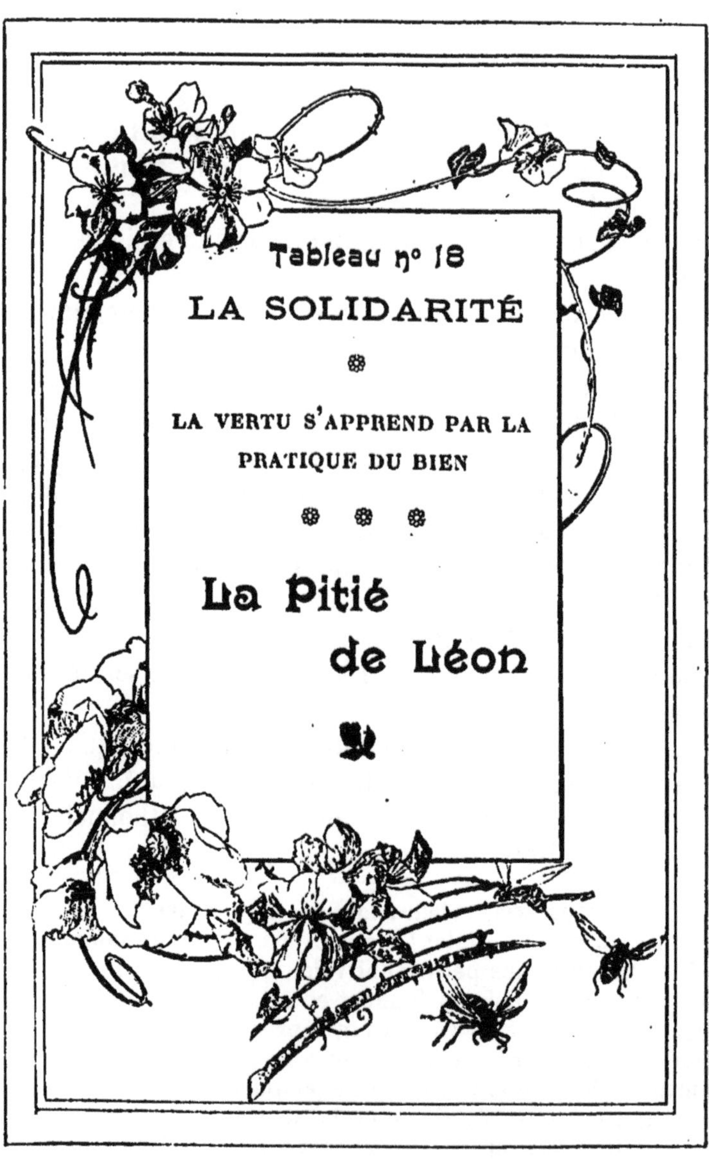

Tableau n° 18
LA SOLIDARITÉ
LA VERTU S'APPREND PAR LA PRATIQUE DU BIEN
La Pitié de Léon

IL FAUT FAIRE LA CHARITÉ.

Léon a bien profité des leçons de morale qu'il a reçues à l'École ;
il fait le bien en partageant son goûter ; il rend heureux les autres,
et se donne à lui-même la profonde joie du devoir accompli.

LI

La Pitié de Léon

Le jeune Léon préparait ses livres et ses cahiers qu'il plaçait dans sa gibecière. Pendant ce temps, sa mère lui coupait, pour son goûter, une belle tranche de pain doré, auquel elle ajouta une petite tablette de chocolat.

Bientôt, tout guilleret et chantonnant, il partait, songeant peut-être à sa prochaine composition, qu'il savait à merveille.

Au détour d'une rue, il vit deux petites filles, misérablement vêtues de haillons sordides, pieds nus et qui pleuraient à chaudes larmes.

Il se sentit ému de pitié et leur demanda la cause de leur chagrin.

L'aînée répondit :

— Nous avons bien faim.

— Pourquoi ne mangez-vous pas ?

— Nous ne possédons plus rien.

— Mais vos parents ?

— Papa est mort depuis longtemps, et on a emmené maman, malade, à l'hôpital. Plus personne ne peut s'occuper de nous !

— Ah ! comme c'est triste !

Fouillant dans sa gibecière, il en tira le croûton destiné à son goûter et le leur tendit spontanément.

— Mangez ce pain, dit-il, cela vous soutiendra toujours un peu.

— Oh ! merci bien ! fit l'aînée des pauvres petites, en avançant la main.

Elles partagèrent le morceau en deux et vivement le dévorèrent.

À cette vue, Léon eut un regret et leur offrit aussi son chocolat.

— Je sais ce que c'est que la faim, dit-il d'un air entendu.

— Vous ! Est-ce possible !

— Oui, pendant les dernières vacances, je me suis trouvé accidentellement enfermé dans une pièce éloignée. On m'a cherché longtemps et de tous côtés. Le soir, on m'a découvert; mais je m'étais quand même passé de déjeuner, et c'est très dur.

— Nous ne le savons que trop! firent-elles en soupirant. Nous avons dépensé nos derniers sous pour acheter des médicaments à notre mère, et depuis hier, nous n'avions rien pris.

— Comment allez-vous vivre maintenant?

— Hélas! je ne sais pas! Puisque vous êtes compatissant, vous pourriez peut-être nous donner un conseil?

— Moi, non! Mais si vous alliez trouver maman, je suis sûr qu'elle ferait son possible pour vous tirer d'embarras; elle est si bonne!

Léon indiqua l'adresse et quitta les pauvrettes en leur souhaitant « bon courage ». Puis il entra à l'école.

De retour chez lui, il apprit avec plaisir que ses parents s'occupaient de ses protégées, et qu'ils allaient leur trouver un asile, où elles pourraient attendre la guérison de leur mère.

Léon, tout heureux de sa bonne action, se félicita d'avoir su s'oublier un peu pour rendre service à autrui.

Enfants, quand votre bonne mère,
Le soir, vous tient sur ses genoux,
L'orphelin couche sur la terre...
Petits enfants, y pensez-vous?

Vous avez tout en abondance,
Caresses, bonbons et joujoux;
Lui, ne connaît que la souffrance...
Petits enfants, y pensez-vous?

Quand personne ne vous surveille,
Parfois vous gaspillez vos sous...
Il est sans pain depuis la veille;
Petits enfants, y pensez-vous?

Tendez la main à la misère,
Vous qui le pouvez... C'est si doux
De faire du bien sur la terre!
Petits enfants, y pensez-vous?

BLANCHARD.

Tableau nº 19
LE RESPECT DES VIEILLARDS

VEUX-TU T'HONORER ? RESPECTE ET
HONORE LA VIEILLESSE

La Mère

Greluchet

LA MÈRE GRELUCHET.

Cette bonne vieille, infirme, ne peut se baisser, et Adolphe, un brave petit garçon, lui témoigne son respect en ramassant aimablement sa canne.

LII

La mère Greluchet

Tous les enfants du hameau partaient en bande pour l'école, bavardant et jouant tout le long du chemin.

A moitié route, ils rencontrèrent la mère Greluchet. C'était une vieille femme, toute courbée par l'âge, et qui marchait péniblement en s'appuyant sur une canne. Ses allures étaient bizarres, elle parlait continuellement toute seule. Aussi passait-elle aux yeux de certains habitants pour être un peu sorcière.

Les écoliers, en la voyant, commencèrent à se moquer d'elle. L'un d'eux poussa même l'irrévérence jusqu'à jeter, dans sa direction, une touffe d'herbe.

L'infirme leva le bras pour éviter le projectile ; mais dans le mouvement qu'elle fit, elle laissa échapper son bâton qui tomba à terre.

Les enfants, à cette vue, s'enfuirent comme une volée de moineaux.

Qu'on juge de la situation de la pauvre femme : sa canne lui était indispensable pour marcher, et elle ne pouvait se baisser sans risquer elle-même de tomber.

Adolphe, indigné de la manière d'agir de ses camarades, se hâta de relever la canne.

— Merci, mon petit ami, tu es un brave enfant.

— C'est tout simple ; s'il arrivait la même chose à mon cher grand-père, qui est âgé comme vous, je serais bien content de savoir qu'on lui rend le même service.

— Ah ! tu as raison d'aimer les vieillards, ils sont assez malheureux pour qu'on ne les accable pas encore de raillerie ou d'indifférence. Tu vois, je viens de sortir, pensant aller jusqu'au village ; une douleur me prend dans la jambe, et je ne crois pas que je pourrai jamais toute seule regagner ma maison.

— Attendez, je vais vous y conduire, dit Adolphe avec empressement.

— Tu ferais cela ! s'exclama la vieille d'abord toute joyeuse. Puis se ravisant :

— Non, il ne faut pas, tu arriverais trop tard à l'école.

— Bah ! je marcherai plus vite après.

Et le petit garçon reconduisit la pauvre femme jusqu'à sa demeure.

Mais il eut beau courir pour rattraper son temps, l'heure de la rentrée fut dépassée, et le maître d'école l'avertit qu'il lui marquait un mauvais point.

— Ça t'apprendra à faire le joli cœur et à escorter les sorcières, murmura son voisin de droite.

Si bas que ces mots eussent été prononcés, le maître en devina la nature et ordonna au jeune bavard de les répéter à haute voix.

Il apprit ainsi la belle conduite d'Adolphe. Non seulement il effaça immédiatement la mauvaise note, mais il doubla les bons points du charitable enfant, et dit aux rieurs déconfits qu'il leur conseillait à l'avenir d'imiter cet exemple.

— Car, ajouta-t-il, la première loi de la morale humaine, c'est le respect de ces représentants du passé, auxquels nous devons tant de reconnaissance et d'affection. Vous saurez que dans l'antiquité, à Sparte, toute une assemblée se levait à l'entrée d'un vieillard, en signe de vénération.

Un pauvre vieux marchait à petits pas ;
Un petit garçon, avec politesse,
Le salua.
   — Tu ne me connais pas.
Pourquoi te découvrir?
     — C'est la vieillesse
Que je respecte en vous, dit le petit garçon.
Mes enfants, de ces mots, méditez la leçon.

          O. AUBERT.

(Pour nos chers enfants. — F. Nathan, édit.)

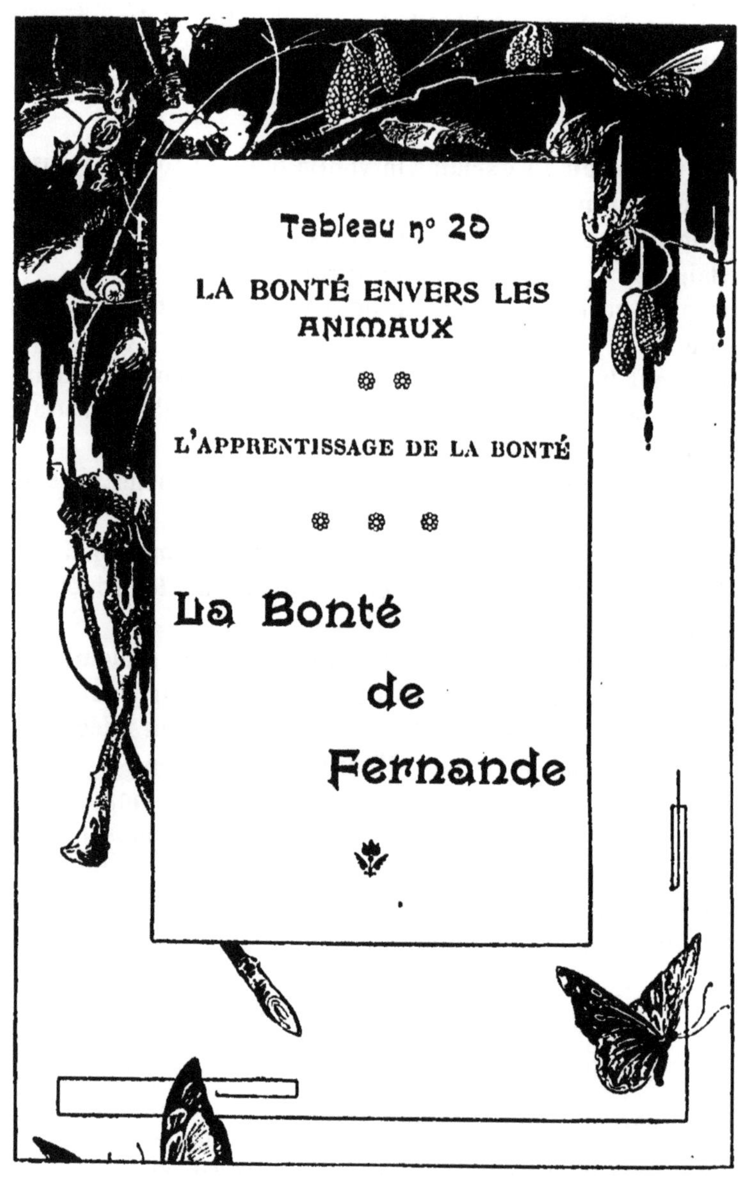

Tableau n° 20

LA BONTÉ ENVERS LES
ANIMAUX

L'APPRENTISSAGE DE LA BONTÉ

La Bonté
de
Fernande

LA BONTÉ DE FERNANDE.

La bonté donne la plus pure des joies. Nous devons être bons, non seulement envers nos semblables, mais encore envers les animaux.

LIII

La Bonté de Fernande

Albert n'est pas foncièrement mauvais, et pourtant il agit comme un garçon sans cœur. Il arrache les ailes des mouches, les pattes des araignées ; il tire la queue de Tom et rit d'entendre grogner le patient toutou ; à l'occasion il décochera un coup de pied au bourriquet, pour le plaisir de le voir ruer dans le vide, et mille et une choses semblables.

Fernande s'émeut de cette conduite, elle qui a toujours eu un faible pour les animaux ne peut supporter qu'on les maltraite.

Albert se moque de la sensibilité de sa petite cousine.

Un jour, pour la narguer, il lui apporta un nid d'oiseaux.

— Oh ! le vilain, s'écria Fernande outrée. Enlever ainsi des enfants à leur mère !... Si un méchant t'avait de la sorte séparé de la tienne, songe combien tu aurais été malheureux, combien tu aurais versé de larmes.

— Mais ce n'est pas la même chose, les oiseaux ne pleurent pas.

— Ça ne les empêche pas de souffrir, et aussi d'être reconnaissants quand on leur fait du bien.

— Ah oui ! toi, tu vas même leur porter à manger dans la neige.

— Assurément parce qu'ils ne trouvent plus de nourriture. Si tu savais quel plaisir c'est pour moi de les voir voler tous quand j'apparais. A quelques-uns j'ai donné des noms, ils y répondent par un pépiement, se posent sur ma main ou sur

mon épaule. Il y en a même un qui vient me caresser la joue
avec sa tête mignonne.

— Ah! par exemple! De si petites bêtes avoir tant de gen-
tillesse !

— J'ai bien lu une histoire où un prisonnier d'Etat nommé
Pélisson avait été consolé par une araignée. J'ai vu aussi que
l'inventeur du paratonnerre, Franklin, tendit un jour sa main
gauche à un ami, pour ne pas déranger une coccinelle, qui
était venue se reposer sur sa main droite. Tu vois que même
les grands hommes aiment les animaux, et qu'ils trouvent des
amis dans tous ceux qui nous entourent.

— Je sais bien, dit Albert songeur, que certains rendent
des services, le cheval, la vache, la brebis...

— Mais les oiseaux aussi !

— Comment cela ?

— Ne mangent-ils pas les insectes nuisibles? Ils protègent
ainsi les récoltes. Maman m'a raconté qu'un roi de Prusse
avait fait chasser de ses états tous les moineaux sous le prétexte qu'ils s'étaient permis de goûter à quelques fruits de ses
cerisiers. L'année suivante, les mêmes arbres, dévorés par des
insectes de toutes sortes, ne portaient plus une cerise.

— Eh bien, je ne me serais pas douté de cela.

— Tu comprends maintenant, que lorsqu'on s'attaque aux
nids, on commet une action à la fois cruelle et nuisible.

Eh bien ! demeure, ami ; referme ici ton aile.
L'hiver sera bien long : il commence demain ;
Les fléaux frapperont longtemps sur la javelle
Avant qu'on ne la jette aux oiseaux du chemin.

Lorsque viendra la neige et la bise glacée,
De la faim et du froid tu seras à couvert :
Pour toi j'émietterai du pain sur ma croisée
Et l'arbre où tu gémis restera toujours vert.

Ne t'en vas pas, petit; si l'hiver nous rassemble
Avec moins de lenteur fuiront les mauvais mois ;
Puis, aux premiers bourgeons, nous partirons ensemble
Courir, aimer encore et chanter dans les bois.

CHARLES FRÉMINE.

(*Sous les Pommiers.* — A. Picard et Kaan, édit.)

TABLE DES GRAVURES.

TABLEAU N° 16.

TABLEAU N° 17.

TABLEAU N° 18.

TABLEAU N° 19.

TABLEAU N° 20.

TABLE DES MATIÈRES.

PARIS
Imprimerie A. Picard et Kaan,
192, rue de Tolbiac. 61903 K. P.

PARIS

IMPRIMERIE ALCIDE PICARD ET KAAN

192, RUE DE TOLBIAC.